356 (+1) Affirmationen für ein Großartiges Leben:

Erfolg, Glück, Gesundheit und Wohlstand

JOHANNA KERN

Aus dem Englischen von

Elke von der Heyden

Herausgeber:
HUMANS OF PLANET EARTH ASSN.

Buchredakteur der englischen Version:
Richard P. Geer

Aus dem Englischen von Elke von der Heyden

Umschlag und graphische Darstellungen:
Jacob Orzeszek und Johanna Kern

Zweite Ausgabe: 2024

Copyright © 2018 Johanna Kern
Alle Rechte vorbehalten

ISBN: 978-1-989913-47-5

Meiner Familie, Freunden und Dir gewidmet.

INHALT

	Danksagungen	vii
	Einführung: Wie man dieses Buch gebraucht	1
1	JANUAR	7
2	FEBRUAR	23
3	MÄRZ	37
4	APRIL	51
5	MAI	63
6	JUNI	77
7	JULI	91
8	AUGUST	105
9	SEPTEMBER	121
10	OKTOBER	137
11	NOVEMBER	153
12	DEZEMBER	169
	Über die Autorin	185
	Veröffentlichungen von Johanna Kern	189
	Verbinde dich mit Johanna Kern	191

Johanna Kern

Danksagungen

Diese Sammlung von 365 (+1) Lebensbegleitungen, die über ein ganzes Jahr niedergeschrieben wurden, wären ohne die Inspiration meines wundervollen Ehemannes Patrick, meiner Familie, Freunden, den erstaunlichen Lesern meines Buches „Der Meister und die grünäugige Hoffnung" und Euch allen, die Ihr mich regelmäßig auf meinem Blog besucht habt, nicht möglich gewesen.

Eure liebevolle Unterstützung auf vielerlei Weise half mir zu erkennen, wie stark wir alle miteinander verbunden sind, unabhängig von Herkunft, Alter und Art des Glaubens, den wir durch die Welt tragen. Jeder Eurer Gedanken, jede Reaktion und jedes Feedback hat mir unschätzbare Einsichten an die Hand gegeben, wie gleich wir doch alle als Menschen sind und was wir alles gleichermaßen anstreben.

Ihr habt mir das Herz geöffnet und meine Sicht in einer Weise erweitert, die ich nie für möglich gehalten hätte, und allein dafür bin ich jedem und jeder einzelnen von Euch dankbar. Danke.

Mein tief empfundener Dank geht auch an meinen guten Freund und Herausgeber Richard P. Geer für seine fortwährende Unterstützung, seine außergewöhnlichen Gedanken und unschätzbaren Hilfen, die in vieler Hinsicht meine Arbeiten betreffen.

Mein Dank geht auch an Jacob Orzeszek – danke für die wundervollen Graphiken und deine grenzenlosen und unaufhaltsamen Visionen, die Tiefen der menschlichen Psyche in Form und Farbe auf jedem leeren Blatt Papier zum Ausdruck zu bringen.

Mein tiefster Dank geht an meine liebe Freundin und Übersetzerin Elke von der Heyden – für ihren immerwährenden Enthusiasmus, ihr Talent, ihren umwerfenden Geist und so viel Herz, das sie in die Übersetzung meiner Arbeiten fließen ließ – du bist so ein Geschenk!

Danke Dir, freundliche und geduldige Monika Hein – Dein scharfes und erstaunliches Auge entdeckt immer, wo etwas verbessert werden kann. Danke dafür, dass Du immer an Bord kommst, selbst kurzfristig!

Und an Euch, meine Leser, geht auch mein Dank für alles das, was Ihr seid und in Zukunft sein werdet.

Einführung:

Wie man dieses Buch gebraucht

Die Geheimnisse von Affirmationen: Was macht sie hilfreich?

Über Jahrhunderte haben erfolgreiche und einflussreiche Menschen Affirmationen benutzt, die ihnen außergewöhnliche Ergebnisse beschert haben. Schritt für Schritt haben diese ungewöhnlichen Menschen mithilfe unterstützender Affirmationen Misserfolge in Gelingen, Krankheiten in Gesundheit, Unglücklich sein in Lebensfreude verkehrt. Viele finden jedoch heraus, dass die Affirmationen, die sie anwenden, nicht helfen. Wo liegt das Problem? Was fehlt bei der Anwendung der Affirmationen? Unser Dauerkalender für die Lebensbegleitungen ist so angelegt, dass er jedem hilft, schrittweise auf dem Wege über das Unterbewusstsein neue, neurologische Bahnen im Kopf zu kreieren. Er wirkt harmonisch mit der sogenannten „Gehirnplastizität", so dass hocheffektive Affirmationen-Techniken dauerhaft Schritt für Schritt unterbewusste Überzeugungen verändern. Du kannst dir das wie einen Weg durch Wiesen und Felder vorstellen. Je weiter du dem Weg folgst, das heißt, je öfters du die positiven Affirmationen wiederholst, desto klarer wird der Weg, und desto leichter ist es für das Unterbewusstsein zu kooperieren und sich deinem Willen zu beugen.

Der Sinn der Affirmationen ist, eine Botschaft an das Unterbewusstsein zu senden und es davon zu überzeugen, dass die Botschaft wahr ist. Hier einige wichtige Elemente für wirksame Affirmationen:

1. Die Affirmation muss akzeptabel sein für unser Unterbewusstsein. Unrealistische Botschaften werden sofort von unserem Unterbewusstsein zurückgewiesen. Wenn man sich Ziele oder Wünsche vorstellt, die nicht mit dem in Einklang sind, was man unterbewusst von sich weiß oder denkt, wird der Prozess früher oder später zurückschlagen und schmerzhaften Schaden anrichten, wie zu Beispiel unerwartete Krankheiten (die oft die Erfüllung deiner Wünsche verhindern), oder Probleme in der Familie oder in der Arbeit, usw.

2. Du musst die Affirmation nicht unendlich oft wiederholen; einige Male, die dem wahren Leben entsprechen, werden sie wirksam und glaubwürdig für Dein Unterbewusstsein machen. Hier ein einfacher Trick: Wiederhole die Affirmation in einem Moment, der dem Unterbewusstsein beweist, dass das, was Du sagst, wahr ist. Wenn Du zum Beispiel eine „Geld-Affirmation" benutzt, verwende nicht Sätze wie „Es ist ganz einfach, Geld zu bekommen", oder „Ich habe hunderttausend Euro", wenn Du pleite bist und Deine Rechnungen nicht bezahlen kannst. Dann verbindet das Unterbewusstsein solche Äußerungen über Geld mit Schmerz. Wenn Du aber einen Einkaufsbummel machst und dein Geld oder die Kreditkarte herausziehst, ist ein wunderbarer Moment gekommen zu sagen: „Ich habe mehr als genug zum Ausgeben."

3. Was Du Dir vorstellst, affirmierst, muss in Deinen Gefühlen etwas auslösen. Das Unterbewusstsein kommuniziert nicht mit Worten sondern mit Gefühlen, Emotionen. Um den bestmöglichen Nutzen aus der Affirmation zu ziehen, musst Du entweder deine Emotionen genau kennen, oder Du musst Deine Phantasie benutzen und Dir vorstellen, dass die Situation, die Du visualisierst, bereits Wirklichkeit geworden ist. Fühle das Vergnügen, den Spaß, die Freude und die Befriedigung, wenn Du schon „angekommen" bist, wo Du sein willst, oder sieh Dich in der

Situation und „fühle das Gefühl", das es bei Dir auslöst.

4. Affirmierungen müssen nicht immer in der Gegenwart sein. Vergiss nicht, dass alle Bekräftigungen, die Du äußerst, für Dein Unterbewusstsein akzeptabel sein müssen. Wenn Du mit deiner Gesundheit Schwierigkeiten hast und sagst: "Ich bin gesund", dann regst Du damit das Unterbewusstsein an, weiter Widerstand zu leisten, der sich dann negativ auf Deine Gesundheit auswirkt. In dem Fall ist es besser zu sagen: „Ich fühle mich besser und besser" in einem Moment, wo Du einige Erleichterung spürst, denn das hilft Dir wirklich aus deiner Zwickmühle. Noch besser ist der Satz: „Ich habe mich entschlossen, mich besser und besser zu fühlen", den Du ständig wiederholen kannst. Der Grund für die Wirksamkeit dieses Satzes ist, dass Du dir keine Grenzen setzt, wie viel besser Du Dich fühlen kannst. Dein Unterbewusstsein wird nicht annehmen, dass Du jetzt gesund genug bist und wird damit fortfahren, sich stets zu vergewissern, dass Du Deine Gesundheit verbesserst.

5. Bekräftigungen zu wiederholen ist wesentlich wirksamer, wenn sie von natürlichen, angenehmen Gerüchen begleitet werden. Es ist gut, wenn Du dich während eines Spaziergangs durch einen Park an das Wiederholen der Bekräftigung erinnerst, oder während Du in einem Garten sitzt. Du kannst auch einfach das Fenster öffnen und natürliche Dürfte von draußen hereinlassen. Auch eine Duftkerze, ein duftender Strauß Blumen oder sogar der Geruch von frisch gebackene Keksen hilft wirksamer, dein Unterbewusstsein den Inhalt deiner Bekräftigung mit natürlicher Freude zu assoziieren.

Nimm Dir Zeit. Einen Tag nach dem anderen.

Du hast über Jahre dein Unterbewusstsein programmiert.

Höchst wahrscheinlich hast Du Dir schon als Kind die Muster zugelegt, die Dich dorthin geführt haben, wo Du jetzt im Leben bist. Wenn Du vollkommen zufrieden mit Deinem Leben bist, wenn es nicht zu verändern gibt, würdest Du nicht nach neuen Wegen suchen, um gewünschte Resultate zu bekommen. Du hast wahrscheinlich schon einiges ausprobiert, es vielleicht sogar mit einigen Affirmationen versucht, die Dir aber nicht so geholfen haben, wie Du Dir gewünscht hast. Nun aber hast Du dieses Buch in den Händen und bist vielleicht neugierig oder sogar aufgeregt und möchtest das Ganze in einer Nacht verstehen und befolgen. Aber das wäre keine gute Idee. Vergiss nicht, wenn auch nur eine einzige Affirmation richtig angewendet wird, wird sie zu einem Meilenstein für Deine Reise durch Dein Unterbewusstsein werden. Sie wird Dich weiter tragen, näher an Deine Ziele und schließlich geradewegs zu einer wirklichen Veränderung führen. Damit diese Veränderungen stattfinden können, muss Dein Unterbewusstsein mit deinem Geist in Einklang sein.

Die Affirmationen in diesem Buch sind so angelegt, dass sie Dein Unterbewusstsein bis in die Tiefe umprogrammieren. Das aber muss in einem erforderlichen Zeitrahmen geschehen, der zur vollständigen Veränderung in Deiner geistigen Vernetzung notwendig ist. Lass jeden Tag für Dich arbeiten. Lass jede Affirmation ihre Aufgabe erfüllen.

Lass sie tief einsinken in Dein Unterbewusstsein und Dich für den nächsten Schritt vorbereiten. Dir steht der beste Service zu. Du hast ein wirklich großes Leben verdient. Wer immer Dir beigebracht hat anders über Dich zu denken hatte Unrecht. Glaub ihm nicht mehr. Du kannst Dein Schicksal selbst in die Hand nehmen. Du kannst Dir genügend Zeit nehmen und Dich ausreichend darum kümmern, Falsches wieder richtig zu machen. Du bist es wert.

Und vor allem: Entspann Dich und genieße den Augenblick. Du verdienst das Beste, und Du wirst Dein Ziel erreichen. Sieh Dir doch mal an, wie weit Du schon gekommen bist. Du bist das Beste, was Dir je passiert ist. Vergiss das bitte nie.

356 (+1) Affirmationen für ein großartiges Leben

Januar

Meine neue Reise beginnt. Das hier sind der perfekte Ort und die richtige Zeit.

Ich werde zu einem neuen, besseren Ich, heiße es willkommen und freue mich daran.

1. JANUAR

Heute erkenne ich alles an, was ich im vergangenen Jahr getan, erlebt und gelernt habe, danke mir dafür und würdige es. Auch starte ich neu, um genau die Person zu werden, die ich sein möchte. Ich beginne mir meine Ziele zu setzen, egal, ob ich mir ihrer schon bewusst bin oder nicht.

2. JANUAR

Ich kann die Vorwärtsbewegung meines Geistes, Körpers und meiner Emotionen spüren, während ich die Luft des heutigen Tages einatme. Ich kann mich mit Leichtigkeit auf all das konzentrieren, was voll Freude und mir wichtig ist. Ich weiß, dass ich da, wohin ich im Leben gehe, mehr von den wertvollen Erfahrungen und Belohnungen finden werde, die ich mir schenken kann.

3. JANUAR

Heute erwecke ich in mir das Wissen, dass ich der wahre Schöpfer meiner Lebenserfahrungen bin, weil ich die Kontrolle über den Schwerpunkt meiner Gedanken habe. Meine persönliche Macht über mein Leben ist größer als die meiner Umgebung, meines Arbeitgebers, der Regierung, meiner Beziehungen oder von sonst irgendetwas. Ich kann vorwärtskommen und mich unter jeder Art von Bedingung entfalten.

4. JANUAR

Die Befriedigung in meinem Leben kommt daher, dass ich frei sein kann trotz aller Einschränkungen. Ich weiß, dass ich lernen kann, Hindernisse zu überwinden. Ich weiß, dass ich selbst wählen kann. Ich bin imstande mehr zu tun und alles zu werden, was ich mir vorstellen kann. Letztlich hängt die Kreation meiner Lebenserfahrung ausschließlich von mir ab.

5. JANUAR

Ich schreite schon voran, um mein besseres und größeres Ich willkommen zu heißen. Ich ehre und akzeptiere die Person, die ich bis jetzt geworden bin und danke mir dafür, mein Bestes getan zu haben. Ich freue mich auf die Person, die ich jetzt werde. Ich weiß jetzt, dass, wenn ich bewusst die Richtung meiner Gedanken bestimme, ich lernen kann, die Person zu werden, die ich sein möchte und das Leben haben, das ich leben will.

6. JANUAR

Mein Augenmerk ist darauf gerichtet, den Kreislauf meiner Gedanken zu verbessern. Ich kann positive Gedanken betonen, indem ich mir jedes Mal ein Lächeln gestatte, wenn ich sie denke. Ich kann meine negativen Gedanken in Zaum halten, indem ich mich auf meinen Atem konzentriere. Während ich tief atme, zähle ich beim Einatmen im Geist von 1 bis 5, dann halte ich den Atem an und zähle dabei wieder von 1 bis 5, dasselbe beim Ausatmen. Mich auf meinen Atem zu konzentrieren, hilft mir, meine Gedanken zu kontrollieren.

7. JANUAR

Ich heiße diesen Tag mit offenen Armen willkommen und weiß, dass ich wieder eine Gelegenheit habe, meine Macht über meine Gedanken zu üben. Mein Atem ist wie ein tiefer Ozean. Er wäscht meine Sorgen fort, verringert meine alten und neuen Schmerzen. Mein Lächeln ist wie eine großzügige Sonne. Es hilft meinen freudigen Gedanken zu wachsen und zu erblühen. Ich liebe den Fortschritt, den ich heute mache, wenn ich meine eigene Macht gebrauche.

8. JANUAR

Ich bin imstande, den Kreislauf meines Denkens mit Leichtigkeit zu verändern. Ich kann bewusst meine Fröhlichkeit betonen und meine Sorgen verkleinern. Ich vertiefe immer weiter mein Wissen um mich selbst. Ich kann spüren, wie meine innere Macht steigt und die Kraft wächst. Ich weiß, ich kann mehr wundervolle Dinge tun, fühlen und erreichen, als ich mir je vorstellen konnte.

9. JANUAR

Ich beginne zu begreifen, dass das, was ich um mich herum sehe, der Spiegel meiner Gedanken ist. Ich sehe meinen glücklichen Gedanken dabei zu, wie sie meine Welt hell machen. Ich kann Freude wecken, indem ich lächele. Ich weiß, dass ich ein mächtiger Schöpfer bin. Ich bin bereit, mehr über meine Macht zu lernen und das Leben zu kreieren, das ich haben will.

10. JANUAR

Ich bin offen für die Möglichkeit von Veränderungen in meinem Leben. Ich bin mir bewusst, dass, obwohl ich mich daran gewöhnt habe, auf eine bestimmte Weise zu leben und zu sein, es nur ein weiterer Meilenstein auf dem Weg zu meinem angestrebten Ziel ist. Ich heiße die Veränderungen willkommen, die mir größere Befriedigung in meinem Leben und mit mir selbst bringen.

11. JANUAR

Wie alles in der Welt bewege auch ich mich vorwärts. Ich kann den immerwährenden Fluss meiner Emotionen spüren und beobachte ihn wie am Himmel vorüberziehende Wolken. Wenn ich Furcht verspüre, kann ich sie verringern, indem ich mich auf meinen Atem konzentriere. Ich zähle von 1 bis 5 beim

Einatmen, halte den Atem an und zähle dabei von 1 bis 5 und dasselbe beim Ausatmen.

12. JANUAR

Ich distanziere mich von meinen negativen Selbstgesprächen. Immer wenn mir Gedanken über mein Unvermögen erfolgreich, geliebt oder glücklich zu sein, in den Kopf kommen, beschildere ich sie mit den Worten „alte Gedanken". Ich ersetze sie mit „neue Gedanken" und wiederhole bei mir: Ich kann alles tun, fühlen und erreichen, was ich will. Ich kann alles sein, was ich will und das Leben haben, das ich verdiene und mir für mich wünsche.

13. JANUAR

Ich beobachte den Fluss meiner Emotionen und distanziere mich weiter von den negativen Selbstgesprächen. Ich werde immer besser darin, meine Emotionen und Gedanken zu beschildern. Ich ersetze mit größerer Leichtigkeit die negativen Gedanken durch positive. Ich weiß, dass ich mit Hartnäckigkeit und Übung meine Denkweise vollkommen neu gestalten kann.

14. JANUAR

Ich werfe einen ganz neuen Blick auf mich im Spiegel. Wenn irgendwelche negativen Gedanken oder Gefühle in mir aufsteigen, beschildere ich sie auf der Stelle mit „alte Gedanken". Ich sage zu meinem Spiegelbild: Ich besitze die Intelligenz, Ausdauer und Kraft, mich vollständig neu zu gestalten und das Leben zu erschaffen, das ich führen will. Ich kann so schlau sein, wie ich will und ich bin alles wert, was ich mir wünsche.

15. JANUAR

Ich erlaube mir, fröhlich zu sein. Ich kann mit stressreichen Gedanken und Emotionen umgehen, indem ich mich von ihnen distanziere. Ich schaue mir stressreiche Situationen ohne Ärger oder Angst an. Ich weiß, ich werde alles beizeiten überwinden. Ich weiß, dass ich es kann. Im Augenblick konzentriere ich mich darauf, mich weiter zu freuen. Nichts kann meinen wundervollen Tag verderben, während ich einen weiteren freudigen Atemzug hole.

16. JANUAR

Ich belohne mich mit positiven Gedanken. Jedes Mal, wenn ich eine neue Aufgabe beginne, wiederhole ich im Stillen: Ich kann es tun, egal, ob es länger dauert oder schneller geht, egal, ob ich es besser oder schlechter mache. Der Punkt ist: Ich kann es tun! Wenn ich heute nicht schaffe es gut zu machen, es gibt immer einen anderen Tag. Ich werde besser und besser alles zu schaffen, was ich mir vornehme. Ja! Das ist mein neues Ich!

17. JANUAR

Ich mag die Art, wie ich meine Tage glücklicher mache. Ich werde immer geschickter die Richtung meiner Gedanken zu verändern. Ich weiß, wie ich mich von meinen Emotionen und den Hindernissen distanziere, ohne dass mich Ärger oder Angst überwältigen. Ich erweitere mein Wissen über meine Fähigkeiten und meinen wahren Wert. Ich werde mehr und mehr zu der Person, die ich wirklich sein will.

18. JANUAR

Alles, was ich mir wünsche, ist innerhalb meiner Möglichkeiten. Ich weiß jetzt, dass es nur eine Frage der Zeit und der Beharrlichkeit ist. Das neue Ich wird zu meiner Wirklichkeit. Jedes Mal, wenn ich in den Spiegel schaue, sehe ich eine vertrauensvolle und fröhliche Person. Ich mag das neue Ich und freue mich, weitere herrliche Überraschungen zu sehen, die ich für mich bereit halte.

19. JANUAR

Alles was ich möchte, wartet schon auf mich, ich muss nur noch lernen, wie ich danach greife. Ich weiß, dass ich es kann. Ebenso wie ich gelernt habe neu zu denken und zu fühlen, kann ich lernen, wie ich in meinem Leben etwas verändern kann und mir das nehme, was ich mir wünsche. Ich bin ein mächtiger

Schöpfer meiner Wirklichkeit und will nur das Beste für mich. Ich habe es verdient und werde es bekommen.

20. JANUAR

Ich schließe die Augen, bin ruhig und atme tief. Ich frage mich: Ist das, was ich mir wünsche, wirklich das, was ich tief in meinem Herzen erstrebe? Ist das mein eigenes Herz, das da zu mir spricht, oder sind das die Muster, Vorschläge, Erwartungen oder Forderungen meiner Umgebung? Ich ehre und lausche heute nur Meinem Eigenen Herzen. Tief drinnen weiß ich, was das Beste für mich ist.

21. JANUAR

Ich will das Leben haben, das die Person trägt, die ich bin. Ich bin dazu fähig, eine Entscheidung darüber zu treffen, was ich wirklich will. Wenn ich im Einklang bin mit der Wahrheit meines Herzens, ist alles, was ich unternehme, leichter, freudevoller und befriedigender für mich. Ich weiß, dass Leiden und Kämpfen im Leben nur von den Widersprüchen herrührt, die zwischen Meinem Herzen und dem bestehen, was nicht mit ihm in Harmonie ist.

22. JANUAR

Meine Gefühle von innerem Frieden und Glück sind das „Barometer der Wahrheit". Ich weiß genau, wann ich im Einklang mit Meinem Herzen bin. Ich lerne, besser für den Zustand meines Glücksgefühls zu sorgen. Ich stelle fest, dass der Zustand meiner Gesundheit, mein Geisteszustand und meine Zufriedenheit mit dem Leben sich bessert, wenn ich auf mein „Barometer der Wahrheit" höre.

23. JANUAR

Wonach Mein Herz sich sehnt, das wünsche ich mir. Was Mein Herz bewundert, das bewundere ich. Mein Herz hat die Macht, alles anzuziehen, was es sich wünscht. Meine Möglichkeiten sind unbegrenzt, wenn ich auf Mein Herz höre. Nichts kann mich davon abhalten, mein Leben zu erfüllen.

24. JANUAR

Ich atme mit Vergnügen und denke dabei an meinen Pfad zu dem aller glücklichsten Leben. Ich fühle inneren Frieden. Ich weiß, dass mein „Barometer der Wahrheit" mich durch alle Situationen, Hindernisse und möglichen Umwege leiten wird. Ich kann, fühlen, wie die Macht Meines Herzens sich ausbreitet und meine Venen füllt. Ich bin ein machtvoller Schöpfer und ich bin hier, um das Leben, das ich mir wünsche und verdiene, zu erbauen.

25. JANUAR

Ich muss konzentriert bleiben auf das, was ich mir wünsche und mich weiter gut damit fühlen. Das ist alles, was ich im Moment zu tun habe. Wenn ich Frieden in mir spüre, weiß ich, dass mein Herz mit meiner Wahl einverstanden ist. Ich prüfe weiter mein „Barometer der Wahrheit", wenn immer ich im Zweifel bin. Es wird für mich stetig leichter mir zu vertrauen. Jeder Tag bringt mich näher heran an das Leben, das ich möchte.

26. JANUAR

Mein „Barometer der Wahrheit" sagt mir, ob ich mich meinem angestrebten Ziel nähere oder mich davon entferne. Ich fange an, mich zu entspannen und meinem eigenen Fortschritt zu trauen. Mein Leben ist eine Schöpfung, kein Wettbewerb. Es bedarf für mich keiner Eile, keines Drucks und keines Kampfes, um zu erreichen, was ich mir gewählt habe. Ich schenke mir alles, was ich will zur richtigen Zeit.

27. JANUAR

Ich kann jeden Tag gestalten, wie ich ihn haben will. Ich kann wählen, was im Einklang mit Meinem Herzen ist und alles andere loslassen. Wie auf einem guten Buffet bietet uns das Leben alle nur möglichen Speisen und Gewürze an. Wenn das Leben mir etwas serviert, das ich nicht haben will, kann ich erschaffen, was ich wirklich wünsche. Ich höre auf mein „Barometer der Wahrheit", wenn ich wähle, was ich „auf meinem Teller" haben möchte.

28. JANUAR

Ich folge neugierig meinem Neuen Pfad. Ich möchte wissen, wohin ich gehe, wenn ich meinen nächsten Schritt mache. Ich heiße alles auf meinem Pfad als wichtig für mein Wachstum und meine Erfahrung willkommen. Ich weiß, ich kann jedes

Hindernis überwinden, wenn ich auf meine innere Führung, das „Barometer der Wahrheit" höre. Ich bin mehr und mehr im Einklang mit Meinem Herzen.

29. JANUAR

Ich sehe mich im Spiegel an und begrüße die Person, die ich geworden bin. Ich mag ihre Augen, die die innere Kraft enthüllen. Ich mag ihr Lächeln, das ihre innere Freude enthüllt. Ich mag ihren Ausdruck, der ihr inneres Wissen enthüllt. Ich beuge mich zu meinem Spiegelbild und wiederhole ein paarmal: „Ich vertraue dir. Ja, wirklich"!

30. JANUAR

Ich erlaube mir mächtig zu sein, fröhlich und weise. Ich habe mich für diesen kurzen Augenblick von meinen eigenen Begrenzungen befreit. Ich schließe die Augen und atme tief durch. Dieser Augenblick ist wirklich. Es ist ein kostbarer Augenblick. Ich bin die wundervolle Person, die ich immer sein wollte. Ich nehme diese Erinnerung mit durch den Rest des Tages.

31. JANUAR

Ich respektiere mich, ich respektiere die Art, wie ich mich benehme, fühle und denke. Wenn ich erst herausfinde, dass ich alles an mir respektieren kann, finde ich viele verschiedene Wege, das zu fördern, was ich will. Wenn ich mir Glauben schenke, kann ich ganz leicht konzentriert und beharrlich auf meinem Neuen Pfad bleiben. Ich weiß, dass ich zur richtigen Zeit ankommen werde.

Johanna Kern

356 (+1) Affirmationen für ein großartiges Leben

FEBRUAR

Ich entschließe mich, meine Reise zu genießen.

Ich weiß, dass ich wählen kann, was ich will.

Mein Pfad führt mich immer zu dem nächsten, wunderbaren Ort.

1. FEBRUAR

Mein Schicksal ist keine festgelegte Angelegenheit. Ich brauche nicht länger fortzusetzen, was nicht mehr befriedigend ist. Ich habe die Wahl meine Wirklichkeit so zu gestalten, wie ich sie haben will. Ich finde einen Weg meine Begrenzungen zu durchbrechen und mich in meinem Leben voll zu entfalten.

2. FEBRUAR

Ich schaue, wo ich bin in meinem Leben und denke darüber nach, wie ich dorthin gekommen bin. Ich weiß, dass das, was ich bis jetzt getan habe, nur ein kleiner Teil dessen ist, was ich noch tun kann. Ich entscheide mich, meine Wahrnehmung von mir selbst zu erweitern und mein wahres Potential kennenzulernen.

3. FEBRUAR

Ich definiere klar, was mich begrenzt: Ist es meine Umgebung? Die Art, wie ich erzogen worden bin? Die Art, wie andere meine Denkweise oder mein Tun beeinflussen? Ich werde nicht länger andere mein Leben mit ihren negativen Meinungen und Aktionen kontrollieren lassen. Ich werde die „Zwangsjacke ausziehen" und meine eigene Kraft entdecken.

4. FEBRUAR

In meinem Leben bin ich der einzige Spieler und Gewinner. Ich spiele gegen mich selbst. Ich kann in diesem Spiel nicht verlieren, egal was dabei herauskommt. Ich profitiere und gewinne entweder, indem ich meine Ziele erreiche, oder indem ich die nötige Erfahrung für die nächste Runde sammele. Egal, was geschieht, ich bin der Gewinner.

5. FEBRUAR

Ich bewerte meine Situation ohne im Nachhinein zu zweifeln. Ich entscheide mich alte Muster nicht zu wiederholen, weil gleiche Aktionen gleiche Resultate bringen, egal, wie oft man sie wiederholt. Ich trauere nicht der Zeit und Energie nach, die ich in der Vergangenheit beim Kämpfen und nutzlosen Aktionen vergeudet habe. Wenn ich das nicht getan hätte, wie hätte ich wissen können, dass das alles nutzlos ist?

6. FEBRUAR

Ich lasse mein „altes Gepäck" los, das mich zu Boden drückt: Die alten Muster und Begrenzungen. Ich will mich dem Unbekannten öffnen und bereit sein für mein Lebensabenteuer. Ich weiß, dass ich in jedem Fall gewinne, weil nichts mich daran hindern kann, wieder neu anzufangen, falls ich einmal stecken bleibe.

7. FEBRUAR

Ich bin offen für neue Möglichkeiten. Ich bin bereit, meinen bequemen Bereich zu verlassen. Ich hole tief Luft und fülle meine Lungen mit Leichtigkeit. Ich liebe das Gefühl von Bequemlichkeit und Leichtigkeit. Ja, ich bin bereit, mit Leichtigkeit in meinem Leben zu atmen. Es muss keine schwere Arbeit sein oder ein Kampf um zu verändern, was ich will.

8. FEBRUAR

Ich vertraue meinem eigenen Fortschritt und bleibe Meinem Herzen gegenüber loyal. Da ich schon so weit gekommen bin, weiß ich, dass ich auf der Straße zu einem Besseren Leben bleiben kann. Egal, wie lange es dauert. Ich schreite vorwärts. Ich habe die Weisheit zu erkennen, was meine Grenzen sind und die Kraft, das Beste für mich zu erschaffen.

9. FEBRUAR

Ich traue mir. Ich mag die Art und Weise, wie ich mich entwickele. Ich habe eine Menge in meinem Leben gelernt und habe eine Menge zu bieten. Ich wachse Schritt für Schritt in mein volles Potential. Ich gebe mich niemals auf. Ich habe Geduld. Jeder meiner Schritte ist wichtig. Ich kämpfe nicht mehr. Stattdessen lerne ich mit Leichtigkeit in meinem Leben zu atmen.

10. FEBRUAR

Was gerade ansteht, ist jetzt von höchster Wichtigkeit. Ich konzentriere mich auf den jetzigen Tag. Ich distanziere mich von meiner Vergangenheit und meinen bisherigen Bemühungen. Ich bleibe wachsam und achte auf das Hier und Jetzt. Ich weiß, dass mir das Leben viele Gelegenheiten bietet und ich bin bereit, sie zu erkennen.

11. FEBRUAR

Ich freue mich an meinen Gedanken über den Erfolg, das Glück und die Leichtigkeit. Ich weiß, dass ich fähig bin zu tun, was nötig ist. Ich habe die Kraft, eine extra Anstrengung zu machen, wenn es erforderlich ist. Ich kann unter Stress handeln und bin zu jeder Zeit in Höchstform. Ich habe die Macht, meine Aufgaben zu vollenden, egal, wie lange es dauert.

12. FEBRUAR

Alles bringt mich näher an meine Ziele. Ich erlange jeden Tag Erfahrung und lerne mehr über meine Wahre Macht. Ich genieße meine Reise mehr und mehr, während ich Fortschritte mache und lerne. Ich bewege mich mit mehr Leichtigkeit vorwärts. Ich bin auf dem Weg in ein Besseres Leben.

13. FEBRUAR

Meine Gedanken erschaffen meine Wirklichkeit. Auf dem Weg zu meinen Zielen erkenne ich meine Schöpfung. Ich verstehe, dass ich die Macht habe, Dinge, die ich nicht mag, abzuwandeln und zu verändern. Ich kann jederzeit etwas anderes wählen. Ich kann meine Meinung ändern, wann immer ich will. Mein Leben ist ein wunderschöner Fortschritt, das im Fortschritt begriffen ist.

14. FEBRUAR

Ich sehe in den Spiegel, um mir selbst Respekt zu zollen für all das, was ich schon geworden bin. Ich habe mich niemals aufgegeben. Gleichgültig wie schwierig oder schmerzhaft meine Erfahrungen waren, – ich habe mich entwickelt und bin meinem Pfad gefolgt. Ich bin entschlossen mir alles zu schenken, was ich mir wünsche und verdiene.

15. FEBRUAR

Es ist mein Geburtsrecht, erfolgreich, befriedigt und glücklich zu sein. Es ist mein Geburtsrecht das Beste, das mir begegnet, zu akzeptieren. Ich will ein Besseres Leben ohne unnötigen Kampf. Ich bin ein mächtiger Schöpfer und ich kann lernen, Leichtigkeit auf meinem Pfad zu kreieren.

16. FEBRUAR

Wann immer Gedanken an Not und Elend mir in den Sinn kommen, sage ich ihnen: Halt! Ich bleibe stark und positiv. Ich weiß, dass ich mich völlig von der alten Konditionierung befreien kann. Ich lasse das alte und schwere Gepäck los, das gefüllt ist mit Zeugs, das ich nicht mehr zu tragen brauche. Ich entscheide mich leicht und schwerelos auf meiner Reise in ein Besseres Leben zu reisen.

17. FEBRUAR

Ich fühle die Wärme der Freude in mir aufsteigen. Ich widme meine Aufmerksamkeit der Leichtigkeit meines Atems. So wie die Luft ohne Anstrengung meine Lungen füllt, so kann ich lernen, alle guten Dinge natürlicherweise und einfach zu mir kommen zu lassen. Schließlich sind „Leichtigkeit" und „Anstrengung" einfach nur zwei Seiten der gleichen Münze: Beide erfordern meine Wahl und volle Aufmerksamkeit. Ich entscheide mich Leichtigkeit für mich zu wählen.

18. FEBRUAR

Ich schaue mich im Spiegel an und sehe jemanden, der das Leben kennt. Ja. Ich habe vieles auf meinem Weg hierher gelernt. Ich weiß, dass ich alles lernen kann, was ich will. Ich lächele mich freundlich an und wiederhole, an mein Spiegelbild gerichtet: „Nimmt's leicht. Du hast schon viel getan. Nun ist es für dich Zeit, dir alles, was dir zusteht, in den Schoß fallen zu lassen".

19. FEBRUAR

Von allem das Beste kommt in meine Richtung. Ich bin näher an meinen Zielen und ich kann ohne große Anstrengung alles erreichen, was ich will. Mein Barometer der Wahrheit sagt mir, wenn ich von meinem Pfad abkomme. Mein Herz leitet mich dahin, wohin ich wirklich will. Ich erfreue mich an dem positiven Gedanken, dass ich die Macht habe, mir die Wirklichkeit zu erschaffen, die ich mir wünsche.

20. FEBRUAR

Ich genieße jeden Augenblick dieses Tages. Alle Mühe und Plage, die ich in der Vergangenheit hatte, haben mich nur stärker, weiser und mitfühlender gemacht. Ich will in Ehren halten, was ich durch Leiden und Kampf gelernt habe. Es war eine gute Lehrstunde darüber, wer ich bin. Ich weiß, dass ich mächtig bin. Ich weiß dass ich mir vertrauen und mich respektieren kann.

21. FEBRUAR

Ich gebe sorgfältig acht auf meine Gedanken und Taten. Ich korrigiere alles, was im Widerspruch zu meinem Herzen ist.

Ich bin klar und glücklich über meine Möglichkeiten zu wählen. Ich atme ruhig, ich denke ruhig und ich tue alles, was getan werden muss, mit Ruhe. Ich bin klar und glücklich darüber, wer ich geworden bin.

22. FEBRUAR

Ich kann meine natürliche Fröhlichkeit aufrechterhalten trotz meiner Herausforderungen. Ich weiß, dass ich genauso wie in der Vergangenheit alle Hindernisse überwinden werde. Ich bin ein wahrer Überlebender. Nun lerne ich meine Reaktionen auf widrige Umstände loszulassen. Alles ist gut. Nichts kann meine Welt erschüttern, wenn ich innerlich glücklich bin.

23. FEBRUAR

Ich wähle Glücklich sein anstatt Sorgen, Ärger und Schmerzen. Ich wähle ein Besseres Leben anstatt eines Lebens, das erfüllt ist von Kampf und Leiden. Meine Wahl wird zu meiner Wirklichkeit. Ich weiß, dass ich alles tun kann, was ich will, wenn ich es mit dem Herzen und dem Geist tue.

24. FEBRUAR

Nichts kann mich daran hindern mich glücklich zu fühlen. Es ist meine eigene Wahl, wie ich mich fühle. Es ist meine eigene

Wahl, wie ich reagiere. Jedes Mal, wenn ich beim Denken oder Handeln in die alten Muster zurückfalle, hole ich tief Atem und erinnere mich daran: „Alles ist gut. Ein neuer Tag – ein weiterer Schritt auf meinem Pfad. Ich komme näher und näher an meine Ziel".

25. FEBRUAR

Von nun an habe ich meine Emotionen im Griff. Ich kann machen, dass ich mich glücklich fühle, wenn ich will. Ich finde das Glück überall, wo ich will. Ich schaue mich um und wiederhole allem gegenüber, das den Raum füllt: „Du machst mich glücklich. Du machst mich glücklich. Du machst mich glücklich – einfach, weil es das ist, was ich will".

26. FEBRUAR

Ich bin glücklich über meine Ziele. Ich bin glücklich über meine Reise in ein besseres Leben. Ich bin glücklich über meinen Fortschritt und über alles, was ich auf meinem Weg erfahre. Ich weiß, dass alles, was ich durchstehen muss in meinem Leben, mich stärker und weiser macht. Ich bin glücklich Ich zu sein und all das gesehen zu haben, was ich gesehen habe.

27. FEBRUAR

Ich freue mich auf weitere Erfahrungen in meinem Leben. Ich erkenne sie als Geschenke an mich selbst. Ich habe mir eine wahre Flut von Erfahrungen geschenkt, die mir geholfen haben, die wunderbare Person zu werden, die ich jetzt bin. Ich bin stolz auf mich und ich freue mich auf noch mehr Belohnungen.

28. FEBRUAR

Heute will ich mal Platz machen in meinem Terminplan, um ein bisschen Zeit mit mir selbst zu verbringen. Ich werde eine Möglichkeit finden, etwas Nettes und Erfreuliches für mich zu tun. Ich verdiene es verwöhnt zu werden. Ich verdiene es an die erste Stelle gestellt zu werden. Ich verdiene es, dass man sich um mich kümmert. Heute erkenne ich an, dass ich kostbar bin.

29. FEBRUAR (Schaltjahr)

Ich fülle meinen Geist mit positiven Gedanken, wie zum Beispiel Liebe, Dankbarkeit, Hingabe, Großzügigkeit und Hoffnung. Ich bin auf der Straße des Glücks, des Erfolgs, der Gesundheit, des Seelenfriedens und aller Arten von Überfluss.

Johanna Kern

MÄRZ

Ich bin eingestimmt auf die fließende Bewegung.

Ich lerne, wie ich Dinge auf die beste Art und Weise geschehen lassen kann.

Ich lasse alles, was mich niederdrückt, hinter mir.

1. MÄRZ

Ich erlaube dem Wohlfühlen zu fließen. Ich erlaube mir alles zu erreichen und zu haben, was ich will.

Dies ist ein perfekter Zeitpunkt damit anzufangen, alles zu empfangen, was ich mir wünsche und verdiene. Die ist der perfekte Ort, all das in meinem Leben willkommen zu heißen, wovon ich immer geträumt habe.

2. MÄRZ

Ich drücke mich ganz klar aus mit dem, was ich vermitteln will. Ich erinnere mich an alles, was ich behalten muss. Ich vergesse alles, was mich niederdrückt. Ich behaupte mich in einer vertrauensvollen und positiven Weise.

Ich schreite voran im Leben mit vollem Bewusstsein und voller Freude.

3. MÄRZ

Ich habe ein gutes Urteilsvermögen und treffe die richtigen Entscheidungen. Ich handele zur richtigen Zeit am richtigen Ort auf die richtige Weise. Ich denke und tue, was für mich und andere richtig ist. Alles ist gut, wenn ich mit meinem Herzen in Harmonie bin.

4. MÄRZ

Mein Überfluss beginnt in mir. Ungeachtet der Situation gibt es in meinem Leben mindestens einen Aspekt, wo sich Überfluss gezeigt hat. Wenn nicht Reichtum, so habe ich doch Fülle an Gesundheit, Freundschaft, Liebe, Erfahrungen, Ideen oder Erkenntnissen. Ich bin dankbar für das, was ich schon habe.

5. MÄRZ

Ich weiß, dass ich jeden inneren Konflikt lösen kann. Ich ehre meinen Körper, Geist, meine Emotionen und meine Seele gleichermaßen. Ich weiß, dass ich die perfekte, innere Balance finden kann. Ich höre auf mein Wahrheitsbarometer, um gesund und ganz zu bleiben.

6. MÄRZ

Ich werde nicht mutlos durch irgendwelche Verspätungen, Rückschläge und Hindernisse. Ich verstehe, dass ich durch den erforderlichen Selbstheilungsprozess gehen muss, der mich auf den nächsten Schritt auf meiner Reise in ein Besseres Leben vorbereitet. In solchen Momenten gebe ich nicht auf – ich feiere das Glück, den Erfolg und die Freude anderer.

7. MÄRZ

Alles, was ich durchmache, ist äußerst wichtig für meine weitere Entwicklung. Eingeschlossen meine Fehler, Emotionen, Interpretationen, Reaktionen – alles ist absolut unbezahlbar! Ob nun die Erfahrung bitter ist oder süß, hängt von mir ab: Bitter und süß sind lediglich zwei Seiten der gleichen Münze, die sich Lebensreise nennt.

8. MÄRZ

Ich wachse und erfahre den Wert jedes Erlebnisses. Ich erfahre meine eigene Freude. Ich lerne mir und dem Leben zu vertrauen. Ich weiß tief in meinem Herzen, dass alles gut ist, so wie es ist. Heute, morgen und jeden Tag.

9. MÄRZ

Ich vergebe mir dafür, dass ich mir nicht erlaube, all das zu sein, was ich sein kann. Ich vergebe mir dafür an altem Schmerz und schmerzlichen Erinnerungen festzuhalten. Ich vergebe mir dafür noch nicht erreicht zu haben, was ich eigentlich erreichen will, ich vergebe mir dafür mich und andere nicht hoch zu schätzen. Ich akzeptiere mich völlig als diejenige Person, die ich bin.

10. MÄRZ

Ich bin imstande das Leben ungeachtet der Umstände so anzunehmen, wie es ist. Das Leben ist kostbar. Das Leben ist wunderschön. Alles das, was mir geschieht, ist eine einmalige Geschichte, eine von Milliarden. Ich bin dankbar für mein einmaliges, kostbares Leben.

11. MÄRZ

Ich entspanne mich und erlaube meinem Geist friedlich zu sein. Ich bin bereit für das nächste Kapitel in meinem Leben. Ich werde es mit Freude und Vertrauen willkommen heißen. Ich weiß, dass das Leben hier für mich stattfindet. Ich weiß, dass ich hier bin, um mein wunderschönes Leben zu erfahren.

12. MÄRZ

Ich suche mir jetzt Gedanken aus, die mir ein gutes Gefühl geben. Ich werde mich voll Freude zu den neuen Ebenen bewegen, die Erfahrungen für mich bereithalten. Ich weiß, dass ich mit allem umgehen kann. Ich weiß, dass ich auch im Dunkeln meinen Weg finde. Aber diesmal werde ich mir Leichtigkeit, Bequemlichkeit und wundervolle Geschenke vom Leben bringen lassen, um meine Tage strahlend hell zu machen.

13. MÄRZ

Ich atme ein und lasse Freude mit jedem Atemzug mich ganz erfüllen. Ich atme aus und entlasse damit jede Art von Sorge. Mit jedem Atemzug empfange ich die Leichtigkeit des Lebens. Ich lasse das Kämpfen los und erlaube dem Leben, all die wunderbaren Dinge über mir auszuschütten, die ich verdiene.

14. MÄRZ

Ich sehe mit Akzeptanz und Freude alles, was mich umgibt. Alles ist gut. Mein Leben hat mir geholfen dahin zu kommen, wo ich jetzt bin. Von hier aus kann ich erkennen, dass meine Wirklichkeit den Zustand meines Geistes reflektiert. Ich wähle, dass ich mich gut fühle in meiner Umgebung, meinem Leben und mit mir selbst.

15. MÄRZ

Ich bin ganz deutlich in meinen Gefühlen und Wünschen. Ich bin deutlich in dem, was ich will und was ich nicht will. Ich wende meine volle Aufmerksamkeit dem zu, was ich will. Ich schalte die negativen Emotionen aus, die mich davon abbringen, mir ein besseres Leben zu kreieren. Ich weiß, dass ich das Allerbeste verdiene und ich ziehe es vor, mich auf nichts anderes zu konzentrieren.

16. MÄRZ

Ich schaue mich intensiv im Spiegel an: Ich erkenne mich als meinen eigenen besten Freund, meinen höchst wertvollen Lehrer und meinen hingebungsvollsten Schüler. Ich kann mir in jeder Lebenssituation trauen. Ich kann mir trauen, wenn ich mir ein besseres Leben kreieren will. Ich weiß, dass ich es kann. Ich weiß, dass ich es tun werde.

17. MÄRZ

Ich unterstütze völlig alle meine Wünsche und vertraue auf meine innere Führung. Ich habe die Weisheit die Zeichen auf meinem Weg zu erkennen. Ich weiß, wann ich gehen, innehalten oder die Richtung ändern muss. Ich bin mit mir selbst und mit dem Rhythmus des Lebens im Einklang.

18. MÄRZ

Jeder Schritt in meinem Leben wird freudiger. Jede Maßnahme wird leichter und jeder Gedanke glücklicher. Ich lerne die Leichtigkeit des Lebens. Ich erfreue mich an der Leichtigkeit und entscheide mich mehr davon an jedem Tag meines Lebens zu erfahren. Ich freue mich darauf, das Bessere Leben zu erfahren, das ich bereits für mich erschaffe.

19. MÄRZ

Ich nehme jede Gelegenheit wahr, jede Art von Belohnung, die in meinem Leben auf mich zukommt, willkommen zu heißen und zu schätzen. Angefangen von dem warmen Lächeln eines Freundes, Verwandten oder meines Lebensgefährten, über die positiven Gedanken und Emotionen bis hin zu den täglichen Erfahrungen und unerwarteten Ereignissen – all das geschieht zu meinem Besten. Ich weiß jetzt, dass alles in meinem Leben ein wundervolles Geschenk ist.

20. MÄRZ

Ich denke mit Leichtigkeit positive Gedanken. Ich erledige tägliche Aufgaben mit Leichtigkeit und finde für alles mit Leichtigkeit eine Lösung. Ich fühle mich wohl mit mir und meinem Leben. Ich konzentriere mich darauf, mehr Leichtigkeit in mein Leben zu bringen und freue mich darauf alles zu bekommen, was ich will und verdiene.

21. MÄRZ

Ich traue meinem Leben und ich traue mir. Ich lerne, wie ich mein Denken und mein Herz mit Leichtigkeit öffne. Alles breitet sich zu meinem höchsten Vorteil vor mir aus. Meine Gedanken sind auf die positiven Möglichkeiten meines gegenwärtigen und zukünftigen Lebens gerichtet. Ich schreite mit Vertrauen und Leichtigkeit voran.

22. MÄRZ

Ich lerne, wie ich Zugang zu meiner inneren Macht bekomme. Ich lerne Zugang zu meiner inneren Liebe und Kraft zu erhalten. Alles, was ich brauche, habe ich in mir. Ich erkenne mich als die beste Quelle wahrer Macht, Liebe und Kraft. Allein der Gedanke daran, was ich mir und anderen alles bieten kann, ist ein gutes Gefühl und macht mich sicher.

23. MÄRZ

Ich bringe meine Gedanken und Emotionen mit Leichtigkeit zum Ausdruck. Ich plane und verfolge meine Ziele mit Leichtigkeit. Ich weiß, was ich für mich will und verdiene es, alles mit Leichtigkeit zu bekommen, was ich will. Es gibt keinen Platz für Kampf und Mühsal in meinem Besseren Leben, das mit Leichtigkeit angefüllt ist.

24. MÄRZ

Alles was ich in meinem Leben gesehen, erfahren und erlebt habe, beginnt nun mir zahlreiche Belohnungen einzubringen. Ich respektiere meine Stärken und kenne meine Schwächen. ich habe nicht länger Angst Fehler zu machen. Ich sehe sowohl meine Stärken, als auch meine Schwächen als wertvolle Lehrer für mein Wachstum.

25. MÄRZ

Alles was ich vor mir sehe, wird zu einer weiteren Gelegenheit, noch mehr Lebensbelohnungen zu erhalten. Ich gehe mit Freude und Leichtigkeit vorwärts. Ich bin begeistert von jedem Schritt. Ich setze meine Reise mit Zuversicht fort und vertraue mir und meinem Leben.

26. MÄRZ

Ich schenke allem, was nötig ist, meine Aufmerksamkeit und ich bin mit Leichtigkeit in jeder Situation achtsam. Ich respektiere und wertschätze den Ort, an dem ich mich aufhalte. Ich bin dankbar für alles, was ich erlebt und gelernt habe. Ich respektiere und wertschätze mich. Ich respektiere und wertschätze mein Leben.

27. MÄRZ

Ich erkenne mich als den Schöpfer meiner Lebenserfahrungen. Ich begrüße alles, was auf mich zukommt ohne Ungeduld, Zweifel oder ein Gefühl von Unwürdigkeit. Ich weiß, dass ich ein Besseres Leben für mich kreiere. Ich werde seine

Geschenke mit Leichtigkeit empfangen und ungeduldig weitere erwarten.

28. MÄRZ

Keiner außer mir weiß, was angemessen für mich ist. Nur ich. Keiner weiß besser als ich, was mich glücklich macht und erfüllt. Ich weiß immer, in jedem Augenblick was das Beste für mich ist. Ich werde niemanden sonst entscheiden lassen, was ich denken, fühlen oder tun sollte und was nicht. Ich bin mein bester Berater und mir liegt das Interesse an mir selbst sehr am Herzen.

29. MÄRZ

Meine positiven Gedanken ziehen positive Resultate an. Mein gutes Gefühl zieht positive Menschen an. Mein offenes und freudiges Herz hilft, mir positive Ereignisse in meinem Leben anzuziehen. Ich jubele in positiver Haltung. Ich jubele, weil ich noch mehr positive Ergebnisse in meinem Leben kreiere.

30. MÄRZ

Ich bin mehr und mehr in der Lage meine Freude beizubehalten. Ich werde jeden Tag glücklicher mit meinem Leben. Ich lasse niemanden und keinerlei Situation meine

Macht von mir nehmen. Vielleicht kann ich noch nicht völlig meinen emotionalen Zustand kontrollieren, aber ich fühle mich nicht mehr machtlos. Ich lerne weitere Möglichkeiten kennen, wie ich mich mit Glücksgefühl von innen anfüllen kann.

31. MÄRZ

Ich vertraue dem Leben und ich vertraue meinem Fortschritt. Ich bin immer zur richtigen Zeit am richtigen Ort. Ich tue die richtigen Dinge für mich. Ich weiß, ich werde zur perfekten Zeit dorthin kommen, wohin ich will. Ich fülle meine Gedanken mit Frieden und mache vertrauensvoll den nächsten Schritt mit Leichtigkeit.

Johanna Kern

356 (+1) Affirmationen für ein großartiges Leben

APRIL

Ich beginne meine innere Weisheit zu erkennen.

Ich lerne meinem Herzen mit jeden Tag mehr zu vertrauen.

Ich sehe klarer und weiter in die Zukunft.

1. APRIL

Mein Herz kann all die Freude empfangen, die das Leben mir schickt. Meine Gedanken kennen keine Grenzen für das, was ich mir vorstelle und für mich plane. Ich freue mich an jedem Tag. Ich sehe ihn als Gelegenheit, das Geschenk meines Lebens mit Dankbarkeit, Akzeptanz und Freude zu empfangen.

2. APRIL

Ich beruhige meine Sorgen und stimme mich auf den Rhythmus meines Herzens ein. Ich weiß, dass jeder von uns eine Bestimmung und einen Grund hat hier zu sein. Ich bitte meinen Geist sich diesen Grund bewusst zu machen. Ich öffne meinen Geist, um die Einsicht zu empfangen und willkommen zu heißen. Sie wird mich zu meinem nächsten Schritt in meinem Leben führen.

3. APRIL

Ein neues Gefühl von Bestimmung durchdringt mein Sein. Vielleicht kenne ich die Einzelheiten noch nicht, aber ich spüre, dass ich zur rechten Zeit da sein werde, wo ich sein muss. Ich bin optimistisch, während ich mich mit mehr Leichtigkeit und Vertrauen auf meine Ziele zubewege.

4. APRIL

Ich schaue friedlich und mit Akzeptanz in die Zukunft. Wenn ich irgendwelche Straßensperren auf meinem Weg sehe, weiß ich, dass es vielleicht nur eine Abkürzung zu etwas Besserem ist als dem, was ich für mich geplant hatte. Schließlich entwickele ich mich laufend und das tut auch mein wundervolles Leben.

5. APRIL

Jede Art von Hindernis oder Mühsal auf meinem Weg kann umgewandelt werden in eine Abkürzung zum Glück und Erfolg. Meine innere Weisheit hilft mir die Gelegenheiten zu erkennen und den hilfreichen Zeichen zu folgen. Ich weiß, der Fortschritt meines Lebens entfaltet sich zu meinem Besten.

6. APRIL

Mir ist klar, dass jedes Ziel, das ich in meinem Leben habe, zu meinem größeren Vorteil neu ausgerichtet und umgeschrieben werden kann. Ich verstehe, dass das Leben sich auf dem Weg zu unseren Träumen abspielt. Ich gebe meinem Leben die Erlaubnis, für mich eine bessere Zukunft zu erschaffen, als ich mir jemals für mich erträumt habe.

7. APRIL

Ich entschließe mich, meine Misserfolge als Gelegenheiten anzusehen, um mit neuer Entschlossenheit vorwärts zu drängen. Ich entschließe mich jede Art von Veränderung in meinem „Lebensscript" als neue Möglichkeit zu sehen, den Schlüssel zu meinem Glück zu finden. Ich betrachte mein Leben als meinen guten Freund, der immer nach dem Besten für mich Ausschau hält.

8. APRIL

Meine Gedanken füllen sich mit einem neuen Frieden. Mein Herz füllt sich mit meiner inneren Wahrheit und ich spüre, wie Gelassenheit alle meine Zweifel übernimmt. Ich bin konzentriert in meiner Mitte. Ich bin klar und bereit. Mein Besseres Leben streckt seine Hand nach mir aus und ich bin begierig, es meine Realität werden zu lassen.

9. APRIL

Ich bemerke eine Veränderung in mir. Leute in meiner Umgebung bemerken eine Veränderung in mir. Ich denke positive Gedanken und ich handele positiv. Nun, da ich Frieden mit meinem Leben geschlossen habe, wird alles leichter und besser.

10. APRIL

Ich schließe die Augen und lasse mir von meinem Herzen mein Besseres Leben zeigen. Mit geschlossenen Augen kann ich erkennen, wie es sich anfühlt, wenn ich meine Ziele erreiche. Ich weiß, wie es riecht, klingt und schmeckt. Ich lasse meine Träume erfüllt sein. Ich erlaube mir glücklich, gesund und erfolgreich zu sein. Das bin wirklich ich.

11. APRIL

Ich weiß, dass alles zu meinem Besten geschieht. Ich wandele jeden Misserfolg in die Gelegenheit um, eine neue Richtung einzuschlagen. Ich heiße jedes Hindernis als meine Bereitschaft willkommen, etwas Neues zu lernen. Bei jeder Wahl erschaffe ich mein Glück und meinen Erfolg.

12. APRIL

Meine Welt ist das, was ich daraus mache. Meine Wahl ist daraus einen wunderschönen Ort zu machen, um darin zu sein. Ich bin mit dem zufrieden, was mich umgibt und ich bin glücklich über die Person, die ich geworden bin. Nichts beunruhigt mich in meiner wunderschönen Welt. Ich weiß, dass das Leben immer auf meiner Seite ist.

13. APRIL

Was immer ich brauche, kommt in meine Richtung. Ich lerne von meinen Fehlern und Misserfolgen und respektiere sie als wertvolle Lehrer. Ich wertschätze meine Siege als Gelegenheiten, um mich in Dankbarkeit und Demut zu üben. Ich sehe, wie sich mein Leben entwickelt und sich vor mir ausbreitet um mich mit all den herrlichen Dingen zu erfreuen, die ich weiter für mich kreiere.

14. APRIL

Keine Macht der Welt kann mich davon abhalten, meine Träume wahrzumachen. Ich kann so groß träumen wie ich will, weil meine Träume vollständig mir gehören. Ich kann sie gestalteten und mir vorstellen, ganz wie ich will. Ich kann sie nach meinem Willen in jeder Weise in die Tat umsetzen. Ich bin der alleinige Gestalter und Schöpfer meiner eigenen Träume.

15. APRIL

Ich mache Platz für Neues, indem ich Altes aufgebe. Ich sammele die Weisheit des Alten, um die Gelegenheit für das Neue zu ergreifen. Ich bin dankbar für die Lektionen, die das Alte mir gewährt hat, während ich das Neue gestalte und kreiere. Ich bin begeistert, dass ich so viele Möglichkeiten habe, das Neue in meinem Leben zu kreieren.

16. APRIL

Ich erkenne, dass die Welt ist, wie sie ist. Positives Denken verändert die Welt nicht, aber es verändert meine Wirklichkeit. Es transformiert mich in eine fähigere, produktivere, liebevollere, mitfühlendere und erfolgreichere Person. Ich wähle bewusst positives Denken, um für mich das Leben zu erschaffen, das ich haben will und verdiene.

17. APRIL

Ich heiße jeden Tag als eine Möglichkeit für grenzenloses

Anfangen willkommen. Ich kann wählen, was immer ich will, wann ich will. Es gibt kein Ende für das, was ich mir vorstellen und für mich gestalten kann, um es in meinem Leben zu haben und zu erfahren. Ich kann die Samen meines Glücks und Erfolgs jederzeit säen. Ich kann ernten, was ich für mich gesät habe, wann immer ich denke, dass die Zeit reif ist.

18. APRIL

Ich glaube an meine bessere Zukunft. Ich glaube, ich kann in der Zeit, die vor mir liegt, reicher, glücklicher, gesünder, friedlicher und erfolgreicher werden. Von nun an werde ich mein Leben so verbringen, dass es diesen Glauben Wirklichkeit werden lässt.

19. APRIL

Ich heiße genau diesen Augenblick als eine Gelegenheit willkommen. Ich wähle mir lieber ein offenes Herz, als dass ich das Leben fürchte. Ich wähle mir lieber Aufgeschlossenheit, als dass ich fürchte zu versagen. Ich trete mit Mut und Vertrauen in meine bessere Zukunft ein. Was immer geschieht, es ist zu meinem Besten.

20. APRIL

Ich tue alles, was nötig ist, akzeptiere alles, was nötig ist und lasse alles los, was nötig ist, damit meine Leben voll erblüht. Ich nehme Wissen und Erfahrung in jeder Situation meines Lebens auf. Ich verwandele jedes Ereignis in eine Gelegenheit zu wachsen. Ich baue mir bewusst mein Besseres Leben.

21. APRIL

Jeder einzelne Gedanke, jede Tat und Entscheidung führt mich in eine glücklichere Zukunft. Ich erkenne jede meiner Leistungen an. Ich lerne von meinen Fehlern und ich scheue mich nicht Fehler zu machen. Mein Leben trägt mich und ich vertraue meinem Leben.

22. APRIL

Ich bin heute ein neuer und besserer Mensch. Ich bin glücklicher und gesünder, weil das meine Wahl ist. Ich wähle mir das Beste aus und gebe mich nicht mit wenigem zufrieden. Ich ehre, respektiere und liebe den Menschen, der ich bin. Ich bin verpflichtet, der Mensch zu sein, der ich sein sollte.

23. APRIL

Ich beanspruche mein Geburtsrecht auf Glück. Ich lasse mein Leben mit wundervollen Erfahrungen und wundervollen Menschen anfüllen. Ich lasse es zu, dass mein Leben mich so liebt und verwöhnt, wie ich es verdiene. Ich bin glücklich und vertrauensvoll geboren und bin hier, um mein wunderbares Leben zu genießen.

24. APRIL

Ich heiße jeden Tag so, wie er ist, willkommen und erwarte das Beste und nicht, dass ich durch Rückschläge entmutigt werde. Ich weiß, dass jedes Hindernis in neue Gelegenheiten verwandelt werden kann. Ich bleibe aufgeschlossen und flexibel. Ich weiß, dass mir das Leben noch viel bessere Belohnungen bieten kann, als ich mir je für mich vorstellen konnte.

25. APRIL

Ich bin mit meiner inneren Weisheit verbunden. Ich bin mit dem Kreislauf des Lebens verbunden. Ich bin in jedem Augenblick aufmerksam und präsent und genieße den Fortschritt meines Lebens. So wie die Luft mit Leichtigkeit meine Lungen füllt, so tanke ich positive, inspirierende Gedanken. Ich liebe und schätze mein Leben.

26. APRIL

Nun bin ich an der Reihe glücklich zu sein. Ich bin an der Reihe vom Leben verwöhnt zu werden. Ich bin an der Reihe, dass meine Träume in Erfüllung gehen. Ich weiß, dass mein Erfolg gleich um die Ecke beginnt. Ich gestatte mir an der Fülle, die das Leben zu bieten hat, teilzuhaben.

27. APRIL

Mein Schicksal liegt in meiner Hand. Ich kann wählen, was ich will und alles erreichen, was ich will. Ich bin stark und fähig. Ich kann mir mit jeder Wahl ein Leben kreieren, von dem ich geträumt habe. Es spielt keine Rolle, wie groß oder klein meine Träume sind, denn ich bin diejenige Person, die entscheidet wie groß ich träumen will.

28. APRIL

Ich sage mit jedem Atemzug JA zum Glücklich sein. Ich sage mit jedem Atemzug JA zum Erfolg. Jeder meiner Atemzüge kann sich für mich anfühlen wie Glücklich sein und Erfolg. So will ich es haben. So, habe ich entschieden, spüre ich das Leben.

29. APRIL

Mein Leben füllt sich mit einer interessanten Erfahrung nach der anderen. Mein Leben entfaltet sich für mich und bringt mir viele Gelegenheiten zu wachsen. Mit jedem Tag sehe ich klarer und weiter voraus. Ich werde stärker, weiser, und glücklicher mit jedem Tag.

30. APRIL

Ich kann die Kraft meiner Gedanken spüren. Ich merke, wie meine Absichten Schritt für Schritt Wirklichkeit werden. Ich komme voran und wachse in meine Eigene Macht. Ich bin hier in diesem Leben, weil ich es gewählt habe. Ich bin hier, um alles zu sein, was ich kann und sein will.

MAI

Ich kann so viel Glück und Erfüllung im Leben haben, wie ich will.

Ich habe die Weisheit und Kraft zu kreieren, was am besten für mich ist.

Ich wähle mir ein großartiges Leben.

1. MAI

Ich habe den Mut für mich zu sprechen und nach dem zu verlangen, was ich will. Ich lasse alle Angst und Zweifel los. Ich weiß, dass ich bekomme, was ich will. Ich weiß, das Leben wird einfach und leicht für mich, weil dies meine Wahl ist.

2. MAI

Von diesem Augenblick an wähle ich mir ein Leben voller Erfolg, Gesundheit, Glück und Wohlstand zu erschaffen. Ich nehme es leicht und genieße es zu beobachten, wie sich mein Besseres Leben vor mir entfaltet. Ich schließe die Augen und wiederhole: "Ich habe es geschafft. Alles, was ich wollte, wird mir gehören!" So fühlt es sich also an.

3. MAI

Viele verschiedene Dinge beginnen sich zu ereignen und ich fange an, Menschen, Situationen und Gelegenheiten anzuziehen, die mir helfen erfolgreich zu sein. Ich entscheide mich, alle meine Erwartungen loszulassen. Egal, wie meine Pläne und Ziele sind, Ich weiß, mein Leben kann mir größere Belohnungen bringen. Ich lasse mein Leben sich vor mir mit Leichtigkeit entfalten.

4. MAI

Wann immer Zweifel oder Angst mir in den Sinn kommen, sage ich mir: „Das ist nur ein Gedanke und ein Gedanke kann verändert werden". Ich gebe niemals mein Morgen auf, nur weil es heute unmöglich erscheint.

5. MAI

Meine Emotionen helfen mir meine Bedürfnisse zu verstehen. Ich erkenne meinen Ärger an und erlaube ihm mir die Kraft zu geben, in mir und in meinem Leben positive Veränderungen zu machen. Ich respektiere meine Traurigkeit und lasse mir von ihr zeigen, wie sehr ich mich nach Glücklich sein sehne. Meine Freude führt mich zu dem, was ich als Schatz bewahre und am meisten wünsche.

6. MAI

Mehr und mehr erstaunliche Dinge beginnen in meinem Leben zu geschehen. Mehr und mehr Glück beginnt sich zu zeigen und ich freue mich in jedem Augenblick daran. Es fühlt sich gut an, der Glückliche zu sein. Es fühlt sich gut an, ich zu sein.

7. MAI

Es erfüllt mich mit Freude, anderen Menschen zu geben, was ich auch gerne bekomme. Die Menschen sind gerne in meiner Gesellschaft und ich bin auch gerne mit ihnen zusammen. Ich vervielfache mein Glück und meine Freude, wenn ich sie mit anderen teile. Mir gehen nie die Fülle der Liebe aus, die Wärme und Freundlichkeit, die in mir sind. Ich werde immer genügend haben von allem, was ich benötige.

8. MAI

Ich danke meinem Leben für seine Unterstützung bei meinem Wachstum, meiner Entwicklung, und dafür, dass ich mehr und mehr Gefallen an mir finde. Ich bin dankbar für jeden einzelnen Moment, ob er nun freudig oder traurig ist. Jeder Tag birgt eine neue Möglichkeit den Zauber des Lebens zu feiern.

9. MAI

Ich öffne mich für die Möglichkeit, Begrenzungen zu ignorieren und über selbst aufgestellte Grenzen hinauszugehen. Ich werde nicht länger dulden, dass meine Ängste mich daran hindern, meine Träume zu erfüllen. Ich bereite mich darauf vor, ins Freie zu treten und mein wahres Potential zu erschließen.

10. MAI

Ich verstehe, dass die Ängste und Befürchtungen, die ich erlebe, nichts als Schatten unerfüllter Versprechen von Glück sind. Ich habe Besseres verdient, ich bin bereit für Besseres und öffne mich das Allerbeste zu empfangen. In diesem Moment ist mein Verlangen stärker als die Furcht, die mich so lange blockiert hat.

11. MAI

Ich bin in Frieden mit dem, was ich in der Vergangenheit erlebt habe. Ich habe mich entschlossen, alles Gepäck loszulassen, das mich niedergedrückt hat. Ich weiß, dass ich vorwärts komme, wenn ich das Gewicht loslasse. Ich ziehe es vor meine Vergangenheit jetzt loszulassen und mir selbst und anderen zu vergeben. Ich bin bereit, neue Freuden in meinem Leben zu erfahren.

12. MAI

Ich liebe, akzeptiere und vergebe mir. Ich habe viel von meiner Vergangenheit gelernt und nun bin ich frei von ihr. Ich lasse meine Vergangenheit vollständig los und lebe im Jetzt.

13. MAI

Ich verstehe und akzeptiere alles an mir mit allen meinen Mängeln. Meine Mängel sind ein Teil von mir. Alles was ich als Ganzes bin, ist perfekt, genau wie es ist. Ich bleibe offen und perfekt, während ich lerne und wachse.

14. MAI

Ich bin richtig da, wo ich sein soll. Dies ist meine eigene einzigartige Reise. Meine innere Weisheit wächst mit jedem Tag und führt mich in die Richtung, die am besten für mich ist. In jedem Augenblick bin ich perfekt in Verbindung mit meiner inneren Weisheit.

15. MAI

Ich gehe mit Vertrauen vorwärts. In allen von uns ist die Möglichkeit großartig zu sein. Ich lasse meinen Geist diese Möglichkeit annehmen. Ich lasse es zu, dass mein Herz mich zu diesem zauberhaften Leben erweckt.

16. MAI

Ich weiß, dass ich meine Ziele mit Leichtigkeit und in Frieden erreiche. Wenn ich mir meine erfüllten Träume vorstelle, weiß ich, dass sich die Welt bewegt, um mir neue Gelegenheiten zu bieten. Ich weiß, dass ich mehr und mehr Ideen und Mittel haben werde, um alles zu erreichen, was ich mir wünsche. Mein Besseres Leben reicht mir seine Hand.

17. MAI

Ich lasse den unnötigen Stress los und erlaube meinem Körper und Geist sich zu entspannen. Ich habe Kontrolle über meine Gedanken. Ich bin ruhig und friedlich. In diesem Moment fühle ich mich glücklich. Ich mache den Moment zu einer Blaupause für die Art und Weise, wie ich mich mit mir und meinem Leben fühlen will.

18. MAI

Bei mir ist alles in Ordnung. Alles wird für mich gut ausgehen. Ich bin glücklich in meiner eigenen Haut und sehe meine Situation als eine Gelegenheit meine Kräfte zu trainieren. Ich weiß, dass ich die Weisheit habe und die Fähigkeit zu erreichen, was ich will.

19. MAI

Je mehr ich in meine Eigene Macht hineinwachse, desto leichter wird es für mich Hindernisse zu überwinden. Ich gebe nicht länger bei schwierigen Situationen auf. Ich habe sie in „Proben" umbenannt. Ich liebe es, wie ich mich entwickele. Ich liebe es die Mächtige Person zu sein, die ich jetzt werde.

20. MAI

Ich vertraue darauf, dass das Leben mir zuhört und auf meine positiven Gedanken und Worte antwortet. Ich erschaffe mit jedem Gedanken und Wort eine Fülle von vergnüglichen Erfahrungen. Ich heiße jeden Tag mit einem Lächeln willkommen. Ich weiß, dass ich alles, was ich brauche, in meinem Leben zur richtigen Zeit und am richtigen Ort erhalte.

21. MAI

Mein Glück und Erfolg gehören mir. Wohin ich gehe und wie ich mich mit meinem Leben fühle, habe ich unter Kontrolle. Das Leben ist gut. Ich bin bereit, jederzeit mein Glück und meinen Erfolg zu feiern.

22. MAI

Ich verfolge meine Ideen. Ich behalte meine Träume und meine Ziele im Blick. Mein Geist und mein Herz sind in perfekter Harmonie. Ich sorge für meine emotionalen Bedürfnisse und respektiere meinen Körper. Ich arbeite mit Freude, erlaube mir aber auch Ruhepausen. Ich bin ausgeglichen und stark.

23. MAI

Nichts kann mich davon abhalten, meine Träume wahr werden zu lassen und das Leben zu haben, das ich will. Nur ich kann über meinen Gemütszustand und meine Zukunft entscheiden. Keine äußere Macht kann beeinflussen, wie ich über meine Träume und über mich selbst denke. Keine negativen Gedanken können mich daran hindern, Glück und Erfolg zu erreichen.

24. MAI

Ich plane mit Leichtigkeit, arbeite mit Freude, lerne und feiere jeden Tag. Ich komme täglich meinen Zielen näher. Jeder Tag gibt mir Gelegenheit größer zu träumen und weiter vorauszusehen. Ich werde stärker, glücklicher und erfolgreicher mit jedem Tag.

25. MAI

Ich beantworte Fragen über meine Träume, ohne mich zu verteidigen. Ich weiß, dass meine Lieben mich nicht völlig verstehen. Ich nehme meine Lieben, wie sie sind und verfolge weiter meine Träume. Ich weiß, dass ich durch Vertrauen und Kraft der Welt zeigen kann: Ich gebe nicht auf, was ich will.

26. MAI

Ich vergleiche mich nur mit meinem höheren Selbst. Ich erkenne andere als die einzigartigen Wesen an, die sie sind. Ich erkenne mich als das einzigartige Wesen, das ich bin. Ich weiß, dass niemand die ganze Geschichte eines anderen kennt. Ihre Geschichte und meine sind verschieden. Ich baue mir meinen Erfolg gemäß meiner eigenen Geschichte.

27. MAI

Ich gebe mich nicht mit frustrierender und bedeutungsloser Arbeit zufrieden. Ich weiß, dass ich die Wahl habe, mein Leben zu verändern, wenn es nötig ist. Mein Glück ist von größter Wichtigkeit für mich. Es gibt keinen Platz für Stress und Frustration in meinem Besseren Leben. Ich habe die Weisheit und die Kraft zu kreieren, was am besten für mich ist.

28. MAI

Ich glaube, dass ich die Fähigkeit habe im kleineren oder größeren Maße etwas zum Wohle der Welt beizutragen. Ich weiß, dass ich erfreuliche und erfüllende Arbeit zu machen imstande bin. Von nun an werde ich versuchen meine Fähigkeiten auszudrücken. Von nun an wird mich das Leben in Situationen führen, in denen ich am besten und mit voller Zufriedenheit und Freude arbeiten kann.

29. MAI

Ich lasse meine Sorgen los. Ich weiß, das Leben wird mich unterstützen, wenn ich mir meines Wertes voll bewusst bin. Ich bin ein einzigartiges, menschliches Wesen, eins von Milliarden und habe in diesem Leben meine ureigene Geschichte zu erzählen. Ich lasse meine Geschichte sich entfalten, ohne dass ich Angst vor der Zukunft habe. Ich vertraue meinem eigenen Fortschritt. Ich vertraue darauf, dass alles zu meinem Besten geschieht.

30. MAI

Ich weiß, dass mein Glück immer ein Arbeitsvorgang im Werden ist. Ich mache clevere Pläne für die Zukunft und ich habe keine Angst sie, wenn nötig, hin und wieder zu berichtigen. Nichts ist jemals in Stein gemeißelt, nicht einmal meine Träume. So wie ich vorankomme und mich verändere, wachsen meine Träume mit mir. Meine Träume sind der wundervollen Person würdig, die ich werde.

31. MAI

Ich folge meinen Träumen und baue meine Zukunft, während ich genieße was hier und jetzt ist. Ich weiß, dass jeder Augenblick einzigartig ist, genauso wie jede Erfahrung, die ich mache. So wie mein Besseres Leben sich weit und breit vor mir entfaltet, bin ich glücklich mit dem, was um mich herum gerade ist. Ja, Glücklich sein wird zu meiner wahren Natur und ich weiß es in jedem Tag zu finden.

JUNI

Ich werde mir klarer über meine Macht mein Leben zu verändern.

Ich lerne, wie ich mir vertraue und meiner inneren Weisheit folge.

1. JUNI

In jedem Augenblick, in jeder Weise bin ich mir treu. Ich handele und denke im Einklang mit meiner eigenen Wahrheit ohne Erwartungen größerer Ergebnisse und ohne Angst vor den Konsequenzen. Ich fahre fort in Meine Eigene Macht hineinzuwachsen und freue mich des Lebens als Ausdruck der Person, die ich einmal werde.

2. JUNI

In dem Maße, wie mein Bewusstsein sich erweitert, so wird mein Leben lebenswerter und fruchtbringender. Ich erkenne meinen wundervollen Geist an als den neugierigen Sucher, der immer bereit ist, noch mehr Wissen zu entdecken und anzunehmen. Ich schätze meinen lieben Körper und meine Emotionen, weil sie mich immer wissen lassen, wann ich vorwärts schreite und wann ich mich zurückziehen soll. Ich vertraue der Weisheit meines Herzens und folge seiner Führung. Ich bin weise, stark und wirklich.

3. JUNI

Ein neues Gefühl von Freiheit strömt in meinen Geist und mein Herz. Ich kann alles tun, was ich will und alles werden was ich will. Es gibt keine Grenzen dafür, wie weit meine Gedanken gehen können, ebenso wie es keine Begrenzungen dafür gibt, was mein Herz erreichen kann. Ich akzeptiere meine Großartigkeit und erfreue mich an der Schwerelosigkeit meines eigenen Seins.

4. JUNI

Ich heiße Geld in meinem Leben als die Energie willkommen, die frei zu mir kommt, wann immer ich es brauche. Ich sehe es als meinen Freund, an den ich keine Forderungen stelle. Ich lasse Geld teilhaben an dem Fest, mit dem ich mein Besseres Leben feiere. Ich verstehe, dass Geld jederzeit kommen und gehen kann. Ich versuche weder mich davon abhängig zu machen, noch mein Glück damit aufzubauen. Ich behandele Geld als meinen lieben Freund und versuche nicht es zu meinem Retter zu machen.

5. JUNI

Mein Besseres Leben beginnt jetzt. Ich trete mit Freuden und Vertrauen darin ein. Ich trete mit neugierigem Geist und einen glücklichen Herzen darin ein. Ich hab es getan! Ich bin so weit gekommen und will weiter auf meinem Weg gehen. Mein Besseres Leben fängt jetzt an...

6. JUNI

Ich schaue, wie ich mit Leichtigkeit belohnt werde. Ich schreibe mir die Belohnungen auf und begrüße sie mit Leichtigkeit: Gesundheit, Liebe, Erfüllung, Geld und Erfolg. Ich fordere und begrüße all das als von Rechts wegen meins. Ich gebe mir die Erlaubnis, ein Besseres Leben zu führen.

7. JUNI

Ich kann über das, was ich will und verdiene, frei denken und sprechen. Ich lasse andere wissen, wie sehr ich mich respektiere. Ich lasse andere wissen, wie sehr ich respektiert werden will. Ich bin anderen gegenüber voller Respekt und erkenne sie so an, wie sie anerkannt werden möchten, ohne dabei meine eigenen Bedürfnisse und Rechte zu opfern.

8. JUNI

Ich bin hier um mich zu erkennen, ich bin hier um all das, was mich ausmacht, zu bekunden. Ich höre auf meine Bedürfnisse und sehe mein Leben sich entfalten. Während ich mein Selbst-Bewusstsein erweitere, merke ich, dass meine Sicht auf das Leben sich auch erweitert. Ich kann mehr und mehr Möglichkeiten erkennen, wie ich mein Besseres Leben führen kann.

9. JUNI

Jeder Tag lädt mich ein zum Glücklich sein. Jeder Tag wartet mit neuen Gelegenheiten auf. Es gibt zahllose Arten, wie ich jeden Tag fühlen und handeln kann. Ich mache mir jeden meiner Tage so lohnend, erfüllt und voller Freude wie nur möglich.

10. JUNI

Während ich meine Anstrengungen und Träume verfolge, reagiert meine Umgebung in freundlicher Weise auf meine Bedürfnisse. Ich bin liebenswürdig zu anderen und andere sind liebenswürdig zu mir. Ich bin liebevoll zu mir und mein Körper antwortet mir darauf mit besserer Gesundheit. Ich lasse meine Gedanken ruhen und genieße den sorgenfreien Frieden. Ich lasse Freundlichkeit und Glück mich jetzt umgeben.

11. JUNI

Schritt für Schritt, Augenblick für Augenblick fühle ich mich stärker, vertrauensvoller und glücklicher mit meinem Leben. Ich mache Fortschritte auf meinem Weg und erweitere meine Sichtweise auf mich selbst und meine Bestimmung. Ich bin begeistert zu sehen, wie einzigartig, speziell und wunderbar ich bin. Ich bin begeistert, ich selbst zu sein.

12. JUNI

Dies will ich und kreiere es für mich: Erfolg, Glück, Gesundheit und Wohlstand. Nichts als nur das Beste von allem ist in meinem Leben gestattet. Ich bin es wert, mich auf dem Gipfel der Welt zu fühlen. Ich bin es wert, alles zu haben. Und so wird es sein...

13. JUNI

Ich entscheide mich mein Eigenes Lied zu singen und in meiner ganz ureigenen Weise mein Besseres Leben zu leben und zu zelebrieren. Ich brauche mich nicht mit anderen zu vergleichen. Meine besten Führer und Ratgeber sind mein Eigener Mächtiger Geist und die Weisheit meines Eigenen Herzens. Ich weiß, was ich für mich will, und ich werde den besten Weg finden es zu bekommen.

14. JUNI

Hallo, mein Besseres Leben! Ich habe bereits die Schwelle zwischen meinen Träumen und ihrer Erfüllung überschritten. Alles was ich will, ist auf dem Weg. Alles was am besten für mich ist, kommt bereits. Ich danke meinem Besseren Leben dafür mich bei meinem neuen Abenteuer zu begrüßen. Ich bin begeistert und glücklich hier zu sein.

15. JUNI

Jetzt, jetzt jetzt... Ich bin jetzt glücklich, erfolgreich, gesund und reich. Ich verstehe, dass die einzige Lücke zwischen dem Leben, das ich will und meinem derzeitigen Zustand meine eigene Wahl ist. Ich suche mir aus, alles zu haben und lasse es zu, dass mein Besseres Leben mich jetzt, genau in diesem Moment verwöhnt. Ich bin bereit alles, was ich will jetzt sofort zu genießen.

16. JUNI

Von nun an werde ich immer versuchen, meine Emotionen auf meine Träumen und die Sichtweise auf mein Leben abzustimmen. Meine Freude zieht Freude an. Meine Leidenschaft für das Leben zieht interessante Leute und Ereignisse an. Meine Freundlichkeit, Toleranz und mein Respekt schaffen eine anerkennende und liebevolle Umgebung für mich. Mein Leben unterstützt mich und ich unterstütze mein Leben.

17. JUNI

Wann immer ich mich dabei ertappe, dass ich negativen Gedanken nachhänge, sage ich zu mir: „Halt! Das weißt du besser. Gedanken können umgewandelt, verbessert und verändert werden. Ich beschließe, mein Denken sofort zu verändern. Alles ist gut". Nichts kann sich meinen Zielen und Träumen störend in den Weg stellen. Nicht einmal meine eigenen Gedanken.

18. JUNI

Mein Leben wird besser. Ich habe mehr Kontrolle über meine Gedanken und erfreue mich an meiner inneren Macht. Ich kann denken, was ich will und es in Gedanken Wirklichkeit werden lassen. Ich weiß, das ist der erste Schritt zu manifestieren, was immer ich will. Ich weiß, meine Gedanken haben die Macht meine Wirklichkeit zu kreieren. Ich denke jetzt an mein Besseres Leben und mache es in Gedanken zu meiner Wirklichkeit.

19. JUNI

Was immer das Beste für mich ist, wird Wirklichkeit werden. Was immer ich brauche um vorwärts zu kommen und mich auszudehnen – mein Bewusstsein begleitet mich. Ich weiß, es gibt in der Welt genug Reichtum und Schönheit für uns alle. Ich weiß, der erste Schritt zu diesen Reichtümern ist meinen Geist zu öffnen und meine Begrenzungen loszuwerden. Das zu befreien, was zwischen mir und meinem Glück steht.

20. JUNI

Ich habe die Macht mein eigenes Leben zu verändern. Ich habe die Macht, einen positiven Eindruck auf meine Umgebung zu machen. Ich bin in der Lage, die Welt für mich und andere besser zu machen. Ich bin einer dieser vielen, wunderschönen Menschen und ich kann mich in anderen sehen, wie in einem Spiegel. Wir sind alle gleich und doch sind wir einzigartig. Ich liebe den Menschen, der ich bin und ich habe die Macht einen positiven Eindruck in der Welt zu hinterlassen.

21. JUNI

Das Umfeld meiner Arbeit verändert sich zusammen mit meinen positiven Gedanken und Taten. Ich vergleiche mich nicht länger mit anderen und beneide niemanden mehr. Ich bitte um das, was ich brauche und erkenne die harte Arbeit und die

Bedürfnisse anderer an. Ich spreche für mich und andere. Ich weiß zu würdigen, dankbar zu sein und Lob zu empfangen.

22. JUNI

Ich bin beim Zuhören und Kommunizieren mit anderen achtsam. Ich weiß, dass so wie ich andere behandele, ich mich auch selbst behandele. Ich bin freundlich und anerkennend anderen gegenüber. Ich bin freundlich und anerkennend mir selbst gegenüber. Ich respektiere das Leben und das Leben respektiert mich.

23. JUNI

Mein Leben wird besser und besser. Ich habe, was ich brauche und ich weiß, wie ich den Zustand von Glücklich sein erhalte. Ich schaue vorwärts in die Zukunft und alles was ich sehen kann, sind mehr und mehr wundervolle Erfahrungen, Menschen und Ereignisse, die in mein Leben kommen. Ich freue mich und begrüße mehr und mehr das Wunder des Lebens.

24. JUNI

Ich finde jeden Tag einen Augenblick, in dem ich mich entspanne und meine Gedanken beruhige. Ebenso wie mein Körper und meine Emotionen braucht auch mein Geist etwas Ruhe. Ich lasse meinen Geist friedlich sein. Ich lasse meinen Geist ruhig sein. Alles, was ich weiß, in Erinnerung habe und denke, kann vergessen werden in diesem friedlichen Augenblick. Ich schließe die Augen und verlangsame meinen Atem, ich achte auf mich und meinen wundervollen Geist.

25. JUNI

Ich lasse meine innere Weisheit mich dorthin führen, wo ich am meisten anerkannt und gebraucht werde. Ich lasse mir von meiner inneren Weisheit erzählen, wie und wann ich mein volles Potential benutzen soll. Ich bin offen und bereit für neue Gelegenheiten und Umstände, wo ich am besten denken und handeln kann. Ich weiß, ich habe viel zu bieten. Ich weiß, ich bin imstande es zu zeigen und der Welt zu schenken.

26. JUNI

Wann immer ich mich entscheide einen besseren Ort zum Leben und Arbeiten zu finden, zeigt er sich früher oder später in meinem Leben. Wann immer ich mich entscheide „meine Flügel auszubreiten" und mehr Erfüllung in meinem Leben zu kreieren, erscheinen neue Menschen und Gelegenheiten auf meinem Weg. Das Leben ist gut und unterstützt mich. Das Leben achtet auf alle meine Wünsche und Bedürfnisse.

27. JUNI

Meine Familie und Freunde sind auf meiner Seite. Ich bin imstande, alles mit ihnen zu besprechen, was meinem Herzen lieb und wichtig ist. Ich höre freudig zu, wenn sie mir von ihren eigenen Wünschen und Bedürfnissen erzählen. Ich finde immer ein faires Gleichgewicht zwischen der Erfüllung meiner eigenen Träume und dem, was meine Lieben für die Erfüllung ihrer Wünsche tun. Ich bin fähig, mein eigenes Glück festzuhalten und lasse auch andere das kreieren, was für sie das Beste ist.

28. JUNI

Meine Träume werden größer. Meine Träume wachsen mit mir. Je mehr ich von mir und meinem Potential entdecke, desto mehr Spaß habe ich daran neue Träume zu erfinden. Ich weiß, ich muss dieses Leben so leben und erkunden, wie ich will. Mein Leben entwickelt sich nach meinen Wünschen und Bedürfnissen. Mein Leben und ich sind aufeinander eingestimmt, erschaffen jeden Traum und jedes Ziel und freuen uns daran.

29. JUNI

Was ich denke, sage oder tue, beschreibt jederzeit die Person, die ich bin. Ich achte auf meine Gedanken und Taten. Ich erfahre etwas über mich durch die Art, wie ich mein Leben lebe. Wenn ich etwas nicht mehr mag, habe ich die Macht es so zu verändern, wie ich will. Niemand außer mir und nur ich habe die Macht über mein Leben.

30. JUNI

Ich schaue mir meine Umgebung genau an. Ja, ich bin glücklicher mit meiner Umgebung geworden. Ich bin glücklicher mit meinem Leben und mit mir selbst geworden. Nun ist es Zeit, für meinen nächsten Schritt. Nun ist es Zeit, mehr von dem Menschen zu offenbaren, der ich wirklich bin.

Ich bin eine wundervolle Person und nun fange ich an mein wahrhaft Besseres Leben zu leben.

356 (+1) Affirmationen für ein großartiges Leben

JULI

Ich wachse in meine eigene Macht und erlaube mir der Mensch zu sein, der ich sein will.

Wer ich bin, ist die Vision von mir und der Welt, die ich habe.

1. JULI

Ich schließe die Augen, um mich richtig anzusehen. Ich sehe Dinge in mir, die mich stolz machen und Dinge, die mir nicht so gut gefallen. Ich erkenne meine Stärken und meine Schwächen. Das bin ich also als Ganzes: Die starke Person und die Schwache, die Wundervolle und die nicht so Gute. Ich akzeptiere mich so, wie ich bin. Ich bin die Person, die stets wächst und lernt.

2. JULI

Ich sehe mich und mein Leben in einem anderen Licht. Alles wird jetzt klarer: Es ist nicht mehr so wichtig, wo ich bisher gewesen bin. Ich kann mir jederzeit, wenn ich will, einen neuen Start leisten. Ich kann über mich denken, wie ich will. Es ist meine Sache, nicht die anderer, auch nicht irgendwelcher Umstände, wohin ich von nun an gehen will.

3. JULI

Das einzige, das bei meinen Plänen oder meinen Träumen zählt, ist meine Wahl. Ich kann wählen, was ich will und was ich nicht will. Ich kann wählen, wie ich mich fühlen will. Ich kann wählen, wo ich bin und was ich tun will. Ich lerne, wie ich das Beste für mich wähle.

4. JULI

Ich benutze mein inneres „Wahrheitsbarometer", um mich daran zu erinnern, was wichtig für mich ist. Ich entspanne mich und hole tief Luft: Ist das, was ich will, wirklich meine eigene Wahl? Ist der Ort, wohin ich gehe das, was ich mir am meisten wünsche? Ich nehme diesen Moment um ehrlich mit mir zu sein. Ist der Mensch, der ich geworden bin, mein eigener Traum oder der eines anderen?

5. JULI

Ich begreife, dass ich meinem eigenen Herzen folgen muss, um im Leben völlig erfolgreich zu sein. Nur an was ich wahrhaft glaube, wird mir dazu verhelfen, alles zu geben, was in mir steckt. Nur was mir wirklich wichtig ist, verhilft mir zum Sieg. Ist das, was ich anstrebe, das Wertvollste für mich? Ich hole tief Luft und halte inne, bevor ich den nächsten Schritt mache.

6. JULI

Ich schaue mir an, was für uns am wertvollsten ist: Gute Gesundheit, Erfolg, Glück, Liebe und Wohlstand. Ich kann die Liste arrangieren, wie ich will. Ich versichere mich, dass ich nach dem, was aufrichtig für mich ist, meine Prioritäten setze. Nur ich entscheide, was am wichtigsten für mich ist. Nur ich kann wählen, wem oder was ich mich verschreibe. Mein Leben ist meine eigene Reise.

7. JULI

Ich weiß, dass ich alles geben muss um alles zu bekommen. Ich fange ganz oben auf meiner Prioritätenliste an. Nun kann ich nach dem Planen, was ich am meisten will. Ich weiß genau, wer ich als Ganzes bin. Ich kenne genau meine Stärken und Schwächen. Ich weiß, was ich tue. Ich kann verbessern, was ich will, um das zu erreichen, was ich will.

8. JULI

Meine Schwächen spiegeln mir meine Unsicherheiten. Ich weiß, dass, wenn es mir an Vertrauen mangelt, ich vielleicht nicht an meine Weisheit und meine Fähigkeiten glaube. Ich weiß, wenn ich neidisch auf das Glück oder den Erfolg anderer bin, ich vielleicht glaube, ich sei es nicht wert, ein gutes Leben zu haben. Ich weiß, wenn ich geizig und raffgierig bin, ich vielleicht fürchte, ich hätte nicht genug. Ich danke meinen Schwächen, dass sie mir vor Augen führen, was wirklich mit mir los ist.

9. JULI

Alles, was ich über mich denke, kann geändert werden. Ich kann an mich glauben, es hängt nur von mir ab. Ich habe genügend Weisheit und Fähigkeiten. Ich verdiene ein gutes Leben wie jeder andere auch. Ich habe genügend von allem, was ich brauche Ich bin es wert, dass meine Träume erfüllt werden. Ich kann alles haben, was ich will, wenn ich es wahrhaft will.

10. JULI

Ebenso wie ich gelernt habe zu laufen, sprechen, lesen und schreiben, kann ich lernen Gedanken zu denken, die meinem Fortschritt und Wohlbefinden zu gute kommen. Ich wiederhole in Gedanken: „Ich kann, ich weiß wie, ich bin stark, ich verbessere mich, ich bin erfolgreich, ich bin geduldig, ich bin konzentriert. Mir fehlt nichts. Ich bin glücklich und gesund".

11. JULI

Die Geschichte meines Lebens ist die Geschichte meines Fortschritts. Das umschreibt nicht, wer ich bin, sondern wie ich in meine Macht hineingewachsen bin. Was mich beschreibt, ist, was ich von mir denke und wie aufrichtig ich mit dem bin, was in meinem Herzen ist. Wer ich bin, ist nicht die Rolle, die ich in meiner Familie oder bei der Arbeit spiele. Wer ich bin, ist die Vision, die ich von mir und der Welt habe.

11. JULI

Meine Macht und meine Weisheit sind so groß wie ich es ihnen gestatte. Meine Begrenzungen sind so groß, wie ich es ihnen gestatte. Mein Glück ist so groß, wie ich es ihm gestatte. Mein Erfolg kann so groß sein, wie ist es ihm gestatte.

13. JULI

Ich lasse mich die Person sein, die ich sein will. Ich lasse mich haben, was mir am wichtigsten ist. Ich bin begeistert zu entscheiden, was ich tue, wie ich mich fühle und wo ich sein will. Alle meine kostbaren Wünsche kommen von Herzen. Alle meine Pläne und Ziele sind in Harmonie mit meinem Wahrheitsbarometer.

14. JULI

Ich atme mit Leichtigkeit und bewege mich mit Leichtigkeit. Ich fühle mich ungezwungen und wähle mit Leichtigkeit. Wer ich bin, stimmt mich positiv. Wohin ich gehe, stimmt mich positiv. Ich finde es gut zu wissen, dass alles, was ich wirklich will, immer in Reichweite für mich war.

356 (+1) Affirmationen für ein großartiges Leben

15. JULI

Ich begrüße jeden Tag mit einem Lächeln. Ich begrüße jede Erfahrung mit Respekt. Jede Gelegenheit erfüllt mich mit Freude und Neugier. Dies ist meine Reise. Ich habe sie gewählt. Ich bin glücklich auf dem Weg zu sein.

16. JULI

Ich breite die Arme aus, um mein Leben zu umarmen. Mein Leben und ich tanzen miteinander. Wir wechseln uns mit der Führung ab, mal führt der eine, mal der andere. Wenn ich führe, unterstützt mich mein Leben. Und dann warte ich darauf, geführt zu werden. Wie sonst würde ich den Weg, den das

Leben mir zeigt und den ich noch nicht gesehen habe, kennen lernen.

17. JULI

Ich liebe es zu planen, aber ich bin offen für das Unbekannte. Ich erkenne, dass ich noch nicht alles gesehen habe, dass ich noch nicht alles erfahren habe. Es ist viel Potential in dem noch Unbekannten. Es gibt noch viel unbekanntes Potential in mir. Ich bin offen das Unbekannte willkommen zu heißen.

18. JULI

Ich bin bereit jederzeit meine Gangart zu wechseln. Ich bin bereit meine Richtung zu wechseln, wenn es nötig ist. Ich bin stark und flexibel. Ich bin stark und entschlossen jedoch nicht blind verbissen. Ich weiß, wann ich vorwärts strebe und wann ich mich zurückziehen muss. Ich bin mutig aber nicht rücksichtslos. Ich weiß, Geduld ist die Mutter der Weisheit.

19. JULI

Ich verschwende nicht meine Zeit und ich achte die Zeit anderer. Ich weiß, dass eine Sekunde einen Unterschied machen kann und ich weiß, dass ein ganzes Jahr viel zu kurz sein kann.

Ich plane aufmerksam und handele ohne zu zögern, wenn die Zeit reif ist. Die Zeit ist immer auf meiner Seite.

20. JULI

Ich kenne die Grenzen meines Körpers und ich respektiere seine Bedürfnisse. Ich ruhe mich, wenn nötig, vollkommen aus und ernähre mich mit gutem Essen. Ich sorge für meinen Körper und mein Körper sorgt für mich.

21. JULI

Alle Reichtümer der Welt sind nicht zu vergleichen mit dem Reichtum meines Geistes. Ich kann mir alles vergegenwärtigen, was ich will und ich lasse meinen Geist den besten Weg finden, wie ich es erreiche. Ich kann meinen Geist mit jeder Art von Gedanken anfüllen, die ich will, lasse ihn meine Träume aufbereiten und sie in Ziele verwandeln. Mein Geist arbeitet mit mir.

22. JULI

Ich liebe es, mein Glück in den Dingen zu finden, die mich umgeben. Es gibt immer etwas, wofür man dankbar sein kann. Ich bin dankbar für kleine Dinge, weil sie mich an die Schönheit des Lebens erinnern. Ich bin dankbar für meine Träume, weil sie mir das Gefühl geben mächtig zu sein. Ich bin dankbar für die Freude in den Augen der Menschen, die mir begegnen, weil sie mich erkennen lassen, wie kostbar wir alle sind.

23. JULI

Wohin ich auch gehe, mir kann immer in der einen oder anderen Form Freundlichkeit begegnen. Wohin ich auch gehe, ich kann immer Dinge finden, die mir vertraut oder bekannt sind. Ich fühle mich wohl in meiner Nachbarschaft.

Ich besuche gerne neue Orte. Ich fühle mich sicher in der Welt, wohin ich auch gehe. Die Welt ist mein Zuhause.

24. JULI

Ich erlaube mir meine Träume zu erfüllen. Ich suche nach dem besten Weg meine Ziele zu erreichen. Es gibt immer zahllose Möglichkeiten, wie ich bekommen kann, was ich will. Mein Herz weiß, welche die beste für mich ist. Nicht zwei Menschen sind genau gleich. Wir sind alle einzigartig und so einzigartig sind auch unsere Lebensreisen.

25. JULI

Ich spiele heute ein nettes, kleines Spiel mit mir: Ich mache mir Komplimente für alles, was ich denke und tue. Ohne Ausnahme. Wenn ich etwas gut mache, lobe ich mich. Wenn ich glückliche Gedanken denke, lobe ich mich. Wenn ich an etwas Großem oder Kleinen scheitere, lobe ich mich auch – wirklich, ohne Ironie oder versteckten Hintergedanken. Mal sehen, wie es sich anfühlt, bedingungslos anerkannt zu werden.

26. JULI

Ich kann niemals an mir scheitern, ich bin der einzige Spieler und Gewinner im dem Spiel meines Lebens. Alle Resultate sind gültig: Alles, was ich tue, denke, erreiche und fühle, führt mich zu Fortschritt. Es gibt keine gescheiterten Leben, keine gescheiterten Programme. Mein Programm verhilft mir unter allen Umständen jederzeit zum Fortschritt.

27. JULI

Neue Gedanken sind neue Gelegenheiten. Ich lerne jeden Tag mit einem neuen Gedanken zu begrüßen. Für stagnierendes, überholtes Vorgehen ist in meinem Leben kein Platz. Ich wähle neue Gedanken, die mir neue Wege aufzeigen, damit ich den besten Tag meines Lebens erlebe. Jeden Tag.

28. JULI

Ein Augenblick kann mich mehr lehren als ein ganzes Jahr. Ein Augenblick kann mir mehr bedeuten als eine ganze Dekade. Ich öffne meinen Geist, weit, um einen solchen Augenblick einfangen zu können. Die größte Erkenntnis in meinem Leben kann jederzeit stattfinden. Ich bin bereit und offen, um den größten Augenblick meines Lebens zu erkennen.

29. JULI

Ebenso wie der Sonnenschein und der Regen zwei Seiten der gleichen Münze, genannt Wetter, sind, so sind meine Freude und meine Traurigkeit einfach Emotionen. Sonnenschein und Regen sind gleichermaßen wichtig. Freude und Traurigkeit sind gleich wertvolle Emotionen. Ich erlaube mir zu fühlen, was ich fühlen muss. Ich brauche sowohl Freude als auch Traurigkeit, um meine Lebenserfahrungen zu feiern und zu respektieren.

30. JULI

Wenn eine Jahreszeit endet, beginnt eine andere. Alle Dinge im Leben gehen früher oder später der Vollendung entgegen und machen Platz für das Neue. Jedes Stadium bringt mir unschätzbare Geschenke. Jedes Stadium ist eine neue Gelegenheit weiter und tiefer zu gelangen. Ich sehe und begrüße die „Jahreszeiten" meines Lebens mit Dankbarkeit und Respekt.

31. JULI

Was heißt es für mich „nach den Sternen zu greifen"? Heißt es, dass man sie nicht erreichen kann? Heißt es, dass die Träume zu groß sind? Ich schaue in den Himmel. Ich hebe die Hand, kneife die Augen zusammen und bedecke einen Stern mit dem Daumen. Da! Ich habe einen Stern „berührt". Meine Träume können niemals zu groß sein.

356 (+1) Affirmationen für ein großartiges Leben

AUGUST

Ich bin offen für das Unbekannte.

Ich bin dankbar für die unermessliche Fülle an Erfahrungen und den herrlichen Reichtum in mir.

1. AUGUST

Es gibt in meinem Leben immer mindestens einen Aspekt, wo Überfluss auf die eine oder andere Weise zum Ausdruck gekommen ist: Wenn nicht in Reichtum, so hatte ich doch vielleicht einen Überfluss an Gesundheit, Freundschaft, Liebe, Erfahrungen, Ideen oder Verwirklichungen. Ich konzentriere mich auf den überreichen Aspekt meines Lebens und indem ich mich in die Schwingung der Fülle einstimme, öffne ich mich für die Möglichkeit noch mehr Reichtum für mich zu kreieren.

2. AUGUST

Ich weiß, dass Dankbarkeit und Fülle oft Hand in Hand gehen. Ich schaue mich um und erkenne, wie dankbar ich bin für mein Heim, für die Luft, die ich atme, für die Sonne über mir, für die Freude, die ich in meinem Herzen spüre, für die neuen Tage, für die alten Tage... für alles, was ich jemals erfahren, getan oder gedacht habe.

3. AUGUST

Ich bin für mein eigenes Glück verantwortlich. Nicht andere. Warum sich der Meinung derer anschließen, die sich beschweren, kritisieren, die andere lächerlich machen und tratschen?

Sind sie wirklich die besten Ratgeber in Angelegenheiten meines Glücks, meiner Freude oder Lebensweisheit? Ich höre auf mein eigenes Herz, beobachte den Überfluss in der Natur und lerne wirklich, mein wunderschönes Leben zu genießen.

4. AUGUST

Glücksgefühl ist ein Privileg, das wir uns selbst gestatten. Kein anderer kann es uns geben oder es uns nehmen. Ich kann mir mein Leben gestalten, wie ich will: Glücklich, mittelmäßig glücklich, ein bisschen glücklich oder unglücklich. Ich wähle Glücksgefühl für mich. Ich wähle Glücksgefühl für die, die um mich sind. Ja. Ich habe die Macht eine glückliche Welt für mich zu erschaffen.

5. AUGUST

Mein Körper glaubt, was ich sage. Was auch immer ich von mir denke, wie auch immer ich mich wahrnehme in Bezug auf Gesundheit, Stärke, Ausdauer oder Schönheit – wird für meinen Körper zur Wirklichkeit. Ich denke freundlich von meinem Körper und er antwortet mir mit Liebe. Ich behandele meinen Körper mit Achtung und er antwortet mir mit guter Gesundheit. Ich bin meinem Körper dankbar für alle Unterstützung und Liebe. Mein Körper ist mein teurer Freund.

6. AUGUST

Jeder von uns ist einzigartig, einer in Milliarden. Jeder Körper ungeachtet seiner Form, Farbe, seines Gewichtes oder Alters – ist schön auf seine ureigene Art und Weise. Mein Körper ist schön auf seine ureigene Art und Weise und ich lerne, ihn auf die Weise zu lieben, die er verdient.

7. AUGUST

Inneres Glücksgefühl wird ganz leicht denen zuteil, die imstande sind, ungeachtet der Umstände das Leben so zu nehmen, wie es ist. Das Leben ist kostbar. Das Leben ist wunderschön. Alles, was mir geschieht, ist gleich wichtig. Jede Erfahrung ist unschätzbar. Ich halte mein Leben in Ehren ungeachtet irgendwelcher Umstände, die meiner Befriedigung mit dem Leben und mit mir im Wege zu stehen scheinen.

8. AUGUST

Ich lerne, wie ich tief im meinem Herzen vertrauen kann, das alles gut ist – so wie es ist. So wie es heute, morgen und alle Tage sein wird. Was ich durchlebe, ist einfach eine Erfahrung, eine Erfahrung, die mir hilft zu wachsen. Und wenn ich wachse, erkenne ich den Wert der Erfahrung. Wenn ich erst einmal die Erfahrung wertschätze, weiß ich was Glück ist.

9. AUGUST

Selbst wenn ich bedrückt bin, kann ich glücklich bleiben. Glücklich sein ist nicht die Begeisterung, die Freude oder das Vergnügen, die ich erfahre. Glücklich sein ist der Zustand, in dem ich mich ungeachtet der Umstände immer in meiner Haut wohlfühle. Glücklich sein, das bin ich und ich bin Glücklich sein.

10. AUGUST

Alles, was ich denke, alles, was ich tue – alles, was ich akzeptiere oder ablehne, alles, was ich erfahre – jeder einzelne Teil meiner Existenz trägt bei zu meiner einzigartigen Lebensreise, einmalig im gesamten Universum. Ich bin dankbar für die unendliche Fülle der Erfahrungen und den herrlichen Reichtum in mir.

11. AUGUST

Was ich erlebe, ist Ausdruck meines Wachstums. Ich erkenne, dass alles, was ich erlebe, ein wunderschönes Geschenk ist, für das ich dankbar sein kann. Selbst das Schmerzhafte oder Unangenehme – alles ist ein Geschenk. Es ist nicht einfach sich dafür zu bedanken, jedoch finde ich es mit der Zeit möglich, wenn ich nur wähle es zu tun.

12. AUGUST

Was immer hilfreich und nötig ist für meine Entwicklung, das erfahre ich: Alles hat einen Sinn, um meine Lebenserfahrung einzigartig zu machen, sodass das Bewusstsein, das ich bin, sich unaufhörlich entwickeln kann. Meine Entwicklung hängt von meinem Fortschritt ab und ich wähle jeden Tag Fortschritte zu machen.

13. AUGUST

Der Zustand meines Glücks, ebenso wie alles andere, erfordert meine Aufmerksamkeit, um angeregt und dann unterstützt zu werden. Jedes einzelne menschliche Wesen ist bei seiner Geburt ausgerüstet mit natürlicher Aufnahmebereitschaft,

Neugier und Lebensfreude. Der Zustand des Glücks ist mein natürliches Geburtsrecht. Ich wende meine volle Aufmerksamkeit meinem Glück zu und sehe es jeden einzelnen Tag in mir wachsen.

14. AUGUST

Tage sind wie Kapitel. Man kann sie schreiben oder lesen. Sie können hell sein, voller Freude, nostalgisch oder bewölkt. Ich habe die Wahl sie zu gestalten, wie ich will. Ich suche mir aus meine Tage zu zufriedenstellenden, wundervollen Kapiteln meines Lebens zu machen.

15. AUGUST

Ich möchte mir Klarheit darüber verschaffen, was mich niederdrückt. Ich bemerke, dass ich mir angewöhnt habe meine Gedanken um altes Elend oder schmerzhafte Umstände kreisen zu lassen. Während ich im Leben vorwärts komme, gibt es keinen Grund in der Vergangenheit stecken zu bleiben. Die Vergangenheit ist nur eine Idee in meinem Geist. Sie existiert nirgendwo anders. Von nun an werde ich keine negativen Gefühle oder Gedanken mehr verfolgen.

16. AUGUST

Ich erkenne die Macht meiner Gedanken als die wahren Schöpfer meiner Wirklichkeit an. Ich bin bereit, für mein eigenes Glück Verantwortung zu übernehmen. Ich bin bereit, mich von jeder Art Beschränkung zu befreien, die mich davon abhalten mir das Leben zu gestalten, das ich will. Tief in mir ist ein Samen wahrer Weisheit, die mich durch den Prozess der Befreiung führen kann.

17. AUGUST

Ich gestatte mir mich für alle Möglichkeiten zu öffnen. Ich öffne mich für die innere Führung und folge ihr mit Vertrauen und Geduld. Was immer auch passieren wird – es wird wichtig sein für meine Entwicklung. Heute bewege ich mich auf meine Befreiung, meine grenzenlose Macht und mein Glück zu.

18. AUGUST

Ich höre auf, von anderen zu erwarten, was sie mir gar nicht geben können und finde in mir mein eigenes Glück. Das bedeutet nicht, dass ich selbstsüchtig sein muss, damit ich mich innerlich geliebt fühle. Es geht nicht um meinen Ego-Stolz, oder dass ich mich für besser halte als andere. Wir sind alle einzigartig und speziell. Ich bin auch einzigartig und speziell. Auch ich, wie jeder andere, verdiene Liebe, Glück und alles, was das Beste ist in der Welt ist.

19. AUGUST

Jeder Tag präsentiert eine neue Gelegenheit, meine einzigartigen Erfahrungen zu akzeptieren und mich an ihnen zu erfreuen – eifrig, mit Mut, Würde und Freude. Ich bin dankbar für all die Geschenke und ich weiß, dass der morgige Tag mir noch mehr einzigartige Erfahrungen bringen wird, sodass ich weiter wachse und die Person werde, die ich werde.

20. AUGUST

Ich atme Glück ein und ich atme Glück aus. Ich bin glücklich und natürlich neugierig auf das Leben. Die Fülle des Lebens in der Natur um mich herum lässt mich meine eigene Fülle in mir erkennen. Ich habe Paläste des Wissens erbaut, die auf meinen unendlichen Erfahrungen basieren. Ich kann die Quellen der Freude spüren, die aus meinem inneren Gefühl der Zugehörigkeit zu der Welt sprudeln, die ich wertschätze und an der ich mich erfreue.

21. AUGUST

Ich freue mich des Lebens ungeachtet irgendwelcher Umstände, dem Zustand meiner Finanzen, meiner physischen Gesundheit oder irgendetwas, das vielleicht ein Hindernis auf dem Weg zum Glück darstellt. Ich weiß, dass ich hier bin in diesem Leben, um vollständig zu erfahren, wer ich bin. Ich bin mächtig, liebend und reich. Ich bin die Person, mit der ich befreundet sein will.

22. AUGUST

Ich achte meine Wahl. Ungeachtet der Entscheidungen, die ich treffe, oder was ich wähle, es kommt immer das gleiche dabei heraus: Neue Umstände, die zu neuen Gelegenheiten für mein Wachstum führen. Das Leben ist immerwährende Veränderung und meine Wahl hilft mir bewusst an der Veränderung teilzunehmen.

23. AUGUST

Ich habe keine Angst vor dem Neuen. Ich habe keine Angst, das Alte loszulassen. Ich habe den Mut, dem Unbekannten zu begegnen und heiße meine Lebenserfahrungen jeden Tag willkommen. Ich traue meinem Leben und ich traue mir. Jeder Tag bedeutet Baumaterial für meine eigene Kreation der Realität, in der ich leben will.

24. AUGUST

Ich vergebe mir dafür, dass ich mich und andere verletzt habe. Ich vergebe mir dafür, dass ich mich daran gehindert habe, all das zu sein, was ich sein kann. Ich vergebe mir dafür, dass ich an altem Schmerz und schmerzhaften Erinnerungen festhalte. Ich vergebe mir dafür, dass ich noch nicht erreicht habe, was ich gerne erreichen wollte. Ich vergebe mir dafür, dass ich für mich selber und andere keine guten Gedanken aufbringe.

25. AUGUST

Ich weiß, dass alles gut ist und ich akzeptiere mich völlig. Ich verspreche mir, mich zu öffnen und mich so zu sehen, wie ich wirklich bin: Ein wunderschönes Wesen auf einer tiefgreifenden Reise, frei von Schuld und Mustern, stets vorwärtsstrebend und sich entwickelnd.

26. AUGUST

Ich definiere selbst meine Erfahrungen und entscheide, ob ich sie mag oder nicht. Meine Wahrnehmung und meine Reaktionen fassen meine Erfahrungen zusammen und geben ihnen eine Bedeutung und ein emotionales „Gefühl". Ich kann jede Erfahrung anerkennen und mich daran erfreuen. Es hängt von mir ab. Ich bin der Schöpfer meiner Wirklichkeit, weil ich die Kontrolle über meine eigenen Gedanken habe.

27. AUGUST

Ich wähle mir, mein Leben bewusst zu leben, ohne automatische Antworten, ohne das, was ich als „bitter, unangenehm oder unnötig" wahrnehme, zu fürchten oder zurückzuweisen. Ich bin glücklicher und entwickele mich schneller, wenn ich eine bewusste Auswahl treffe, wie ich auf jede Erfahrung reagiere.

28. AUGUST

Ich bin in der Lage das Stadium von Glück und Lebensfreude zu erreichen. Ich fange mit einem Augenblick an und dann dehne ich die Erfahrung aus und lasse sie andauern, solange, wie ich will. Ich bin fähig glücklich zu sein, wann immer ich mir aussuche, mich so zu fühlen. Ich weiß, dass mein Glücklich sein einfach meine bewusste Wahl ist.

29. AUGUST

Ich lächele den Himmel an und lasse meinen Körper das Glücksgefühl spüren. Jede Zelle meines Körpers entfaltet sich mit Lebensfreude. Das Gefühl breitet sich wie eine Welle vom Kopf bis zu den Zehen aus. Ich liebe dieses Glücksgefühl, das alle Sorgen und Bedenken aus meinen Gedanken wäscht.

30. AUGUST

Ich konzentriere meine Gedanken darauf, was am wichtigsten für mich ist. Ich lasse meine Gedanken meine Wünsche und Ziele feiern. Meine Gedanken geben dem, was ich wirklich will, eine ganze Menge Macht. Ich weiß, dass ich auch dem Kraft verleihen kann, was ich nicht will. Meine Gedanken arbeiten für mich und ich leite ihre Macht bewusst zu dem, was ich will.

31. AUGUST

Meine Wünsche sind klarer als jemals zuvor. Meine Wahl ist positiv und stabil. Ich weiß, dass die Zeit richtig für mich ist mich vorwärts zu bewegen. Ich atme tief durch und lasse meinen Körper relaxen, bevor ich den nächsten Schritt in meinem Leben tue. Ich bin bereit. Ich bin stark. Ich weiß, wohin ich von hier aus gehen will.

Johanna Kern

356 (+1) Affirmationen für ein großartiges Leben

SEPTEMBER

Ich trenne mich von allem unnötigen Gepäck:

Von meinen alten Standpunkten, veralteten Ideen, Schuld, alten Wunden und anderer Leute Meinungen.

1. SEPTEMBER

Ich will herausfinden, was wirklich für mich Bedeutung hat. Ich entscheide mich, wieder ganz von vorne anzufangen und schaue mir mein Leben und mich selbst von einem anderen Winkel aus an. Meine Lebensreise muss meine bewusste Wahl sein – selbst, wenn ich immer wieder die gleichen Dinge wähle. Mein Leben liegt in meinen eigenen Händen. Mein Leben ist, was ich mich entschieden habe, das es sein soll.

2. SEPTEMBER

Ich werfe einen näheren Blick auf das, was meinen Geist und meine Wahlmöglichkeiten beeinflusst: Basiert meine Wahl auf dem, was mit meinem Herzen in Harmonie ist oder werde ich von meinen Ängsten getrieben? Basiert die Wahl meiner Ziele darauf, was ich wirklich schätze und woran ich glaube oder beschäftigt mich eher das, was andere für wichtig und wünschenswert halten? Ich bin bereit, ehrlich mit mir zu sein und meine eigene Wahrheit zu respektieren.

3. SEPTEMBER

Ich befreie mich von allem unnötigen Gepäck: Von meinen alten Standpunkten, veralteten Ideen, Schuld, alten Wunden und anderer Leute Meinungen. Ich befreie mich von der Illusion, dass irgendetwas oder irgendjemand außer mir mich glücklich machen oder über mein Schicksal entscheiden kann. Ich bin der alleinige Schöpfer der Wirklichkeit, in der ich lebe.

4. SEPTEMBER

Ich bin bereit bewusst zu entscheiden, was ich zu meinem eigenen Glück brauche, woran ich für die Welt mitwirken und wie ich mein Leben leben will. Ich bin bereit, mein Leben zum völligen und einwandfreien Ausdruck meiner selbst zu machen. Ich bin bereit, für mein Leben und mein Leben ist bereit für mich.

5. SEPTEMBER

Ich habe den Mut, der Mensch zu sein, der ich wirklich bin. Ich habe den Mut, der Welt meine wahren Farben zu zeigen, egal wie sie sind. Ich habe die Macht, für das gerade zu stehen, woran ich wirklich glaube. Ich habe die Weisheit zu wissen, was andere von mir erwarten und was ich wirklich plane.

6. SEPTEMBER

Ich verstehe, dass meine Ambitionen keine Werte an sich sind. Ich kann sie als Werkzeuge für meinen Fortschritt verwenden, oder mich in der Illusion verlieren, dass sie mich besser oder glücklicher machen, wenn ich sie mir erfülle. Ich bin bereit den

Unterschied zwischen der Erfüllung gesunder Ambitionen und dem dürftigen Zwang kennen zu lernen, der nur den inneren Ängsten und dem Ego dient.

7. SEPTEMBER

Ich benutze meine Ambitionen als Werkzeuge der Selbstdarstellung, um meinen Fortschritt zu unterstützen. Mir ist klar, dass alle Talente oder Fähigkeiten, die ich besitze, genau das sind: Wertvolle Werkzeuge. Sie können zu meiner eigenen Entwicklung beitragen und auch zum Wohle anderer beisteuern, wenn man mir ein solches Privileg einräumt. Ich folge meinen Ambitionen nicht, um mich besser mit mir zu fühlen. Ich gestatte ihnen nur, mir zu helfen, mehr über mich zu erfahren. Ich bin dankbar für meine gesunden Ambitionen.

8. SEPTEMBER

Jeder Tag bringt mir mehr und mehr Klarheit über den Sinn meines Lebens. Ich lerne zu unterscheiden zwischen der Stimme meines Egos, meinen Ängsten, alten Konditionierungen, den alles übertönenden Geräuschen meiner Gedanken und dem wahren Flüstern meines Herzens. Ich werde einen Weg finden von allem abzulassen, das nicht mehr meinem Fortschritt und Glück dient. Ich will mein Leben bedeutungsvoll und erfüllend gestalten. Ich schätze das Geschenk meines Lebens.

9. SEPTEMBER

Was immer der Sinn meines Lebens ist – ich bin dafür bereit. Ich bin neugierig und aufgeregt, wie ich diesen Sinn erfüllen kann und ich bin bereit „meine Flügel auszubreiten". Ich verstehe, dass es eine Überraschung sein kann, was ich da über mich entdecke, weil ich vielleicht eine völlig andere Vorstellung von mir hatte als das, was wirklich für mich zutrifft. Ich befreie mich von allen Erwartungen, alter Schuld, vorgefassten Meinungen und allem, was meine Eigene Wahrheit entstellt hat. Ich bin bereit, und ich bin frei. In den nächsten drei Tagen werde ich Schritte auf meine Eigene Wahrheit zu machen.

10. SEPTEMBER

Ich beruhige meinen Geist und erlaube mir ruhig zu atmen. Ich kann meine Existenz mit jedem Atemzug spüren. Dann bemerke ich, welche Emotionen mich erfüllen: Ist es friedliche Akzeptanz? Verstimmung? Furcht? Freude? Was fühle ich, wenn ich alleine mit mir bin? Fühle ich mich wohl mit meiner eigenen Gegenwart? Brauche ich Zerstreuung, Unterhaltung oder Gesellschaft, um mich gut zu fühlen? Ohne jede Wertung respektiere und schätze ich alles, was ich heute über mich herausfinde.

11. SEPTEMBER

Ich atme langsam und schließe die Augen. Ich akzeptiere, welche Emotionen ich auch immer in diesem Moment fühle. Dann konzentriere ich mich auf meinen Körper: Wie fühlt sich meine Haut an? Welchen Geschmack habe ich im Mund? Welche Geräusche höre ich? Gibt es irgendwelche Bilder, die ich hinter meinen geschlossenen Augen sehe? Ohne Erwartungen erkenne ich alle Gefühle an, die ich mit meinen Sinnen wahrnehme. Mir werden meine Emotionen, mein Körper und meine Sinne bewusst. Ich respektiere und schätze alles, was ich fühle und bemerke.

12. SEPTEMBER

Ich hole mehrmals tief Atem und beruhige mich. Mit geschlossenen Augen erkenne ich meine Emotionen und die Gefühle meines Körpers. Nun achte ich darauf, was ich denke: bin ich abgelenkt von beunruhigenden Gedanken? Denke ich an andere Orte, Menschen oder irgendetwas aus der Vergangenheit? Ist es mir möglich meine volle Aufmerksamkeit auf diesen Moment zu richten? Ohne Wertung erkenne, respektiere und distanziere ich mich von meinen Gedanken.

13. SEPTEMBER

Ich erkenne klar den Unterschied zwischen dem Bewusstsein, das ich bin und meinen Gefühlen, Gedanken und dem, was ich mit meinen Sinnen erfasse. Ich erkenne klar, dass, wenn ich meine Eigene Wahrheit erfahren will, ich mich von meinen Emotionen, meinem Körper und Geist distanzieren muss. Ich schätze sie als meine großartigen Helfer, die mir ermöglichen zu funktionieren und in der physischen Welt zu überleben. Sie können jedoch nicht über den Sinn meines Lebens entscheiden. Ich bin begeistert und neugierig darauf, wohin ich von jetzt an gehen kann. Ich bin bereit, herauszufinden, was wirklich das Beste für mich ist.

14. SEPTEMBER

Jeden Tag finde ich einen ruhigen Moment, um mit mir allein zu sein und mich von meinen Gefühlen, Sinnen und Gedanken zu distanzieren. Dann kann ich auf mein Herz hören. Ohne Bedingungen, Erwartungen, Angst und Ablenkungen. Jeden Tag lerne ich mehr über meine Eigene Wahrheit. Wenn ich von nichts in der Welt abhängig wäre, wie würde ich mir dann aussuchen zu leben? Was wären meine Prioritäten? Ich will meine Eigene Wahrheit erfahren. Ich weiß, dass ich den Mut habe ihr zu folgen, wenn ich sie erst einmal kenne.

15. SEPTEMBER

Ich erkenne mich an und respektiere mich für alles, was ich bis jetzt erfahren habe: Alle meine Erfolge, Fehlschläge, Versuche und Fehler. Ich erkenne mich an für den Mut, so zu leben, wie ich gelebt habe, so zu fühlen, wie ich gefühlt habe, zu denken und zu tun, was immer ich musste oder denken und tun wollte. Ich kann sehen, wie weit ich schon gekommen bin. Ich respektiere und erkenne mich an für alles, was ich schon geworden bin.

16. SEPTEMBER

Ich finde einen Ort in mir, wo alles rein und klar ist. Ich finde einen Ort in mir, wo keine Fragen sind, keine Zweifel oder

Befürchtungen. Dieser Ort ist mein Kern. Ich lerne diesen Ort zu erreichen, wann immer ich mich zentrieren will, mich erden, mich hören will. Alles, was mir wichtig ist, ist schon in mir. Ich liebe die Art und Weise, wie ich meine ganze Welt in mir bewahre, ohne dass ich mich bemühen muss, ohne zu jagen oder vor etwas davonlaufen. Ich bin mein Eigenes Kraftwerk.

17. SEPTEMBER

Mehr und mehr vertraue ich der Weisheit, die aus meinem Inneren aufsteigt. Ich werde immer sicherer, dass ich herausfinden will, was der wahre Sinn meines Lebens ist. Ich habe schon flüchtige Blicke davon erhaschen können, immer wenn ich mir erlaubt habe zu träumen, ohne mein Ego, meine Ängste oder sozialen Druck mit einzubeziehen. Jeder von uns durchlebt eine einzigartige Geschichte und jeder von uns hat eine einzigartige Bestimmung. Ungeachtet meiner Bestimmung, groß oder klein, ist es meine Eigene Wahrheit und mein eigener Abdruck, den ich in der Welt hinterlassen werde. Ich bin begeistert, ich zu sein und imstande zu entdecken, was ich immer noch will.

18. SEPTEMBER

Ich höre darauf, was meine Emotionen, mein Körper und mein Geist zu sagen haben, ich weiß jetzt jedoch, dass sie nicht das sind, was ich bin. Ich bin das Bewusstsein, das sie als Werkzeuge für seine eigenen Zwecke benutzt: Um sich besser zu erfahren. Ich schätze und respektiere meine Emotionen, meinen Körper und meinen Geist. Ich schätze und respektiere die Natur und die anderen Menschen um mich herum. Ich liebe es zu beobachten, wie alles und jeder zur vollen Entfaltung kommt. Ich bin glücklich, Teil dieses wunderbaren Lebensentwurfs und der Erfahrungen zu sein. Ich bin dankbar hier zu sein.

19. SEPTEMBER

Wenn ich mich öffne, um einen klaren Blick auf den Sinn meines Lebens zu werfen, distanziere ich mich von meinem Ego, meinen Gefühlen, dem Gespür für meinen Körper und meinen Gedanken. Ich finde einen ruhigen Moment und bin ganz bei mir, alleine, solange ich kann. In dieser Stille, in der ich jeden Atemzug genieße, bin ich imstande mit meiner Eigenen Wahrheit im Einklang zu sein. Ich brauche nichts, um ein besseres Gefühl für mich zu haben. Was ist es dann, was ich wirklich brauche? Eine klare Antwort steigt aus meinem Inneren auf. Meine Eigene Wahrheit. Der Sinn meines Lebens. Tiefe Dankbarkeit erfüllt mich ganz. Ich bin dankbar hier zu sein.

20. SEPTEMBER

In einem ruhigen Moment meines Tages schaue ich mir meine Vergangenheit an: Alles, was ich gedacht oder getan habe, hat mich hierher gebracht, zu genau diesem Punkt in meinem Leben. Ich bedaure nichts, weil ich weiß, dass alle meine Erfahrungen nötig für mich waren, um mich hierher zu bringen.

Das also war notwendig. So habe ich mich also entwickelt, bin gewachsen und habe mich verändert. Ich kann sehen, wie viel ich gelernt und getan habe, um mein gegenwärtiges Ich zu werden. Ich bin begeistert, all diese Möglichkeiten vor mir zu haben, um noch mehr ich selbst zu werden. Ich bin dankbar hier zu sein.

21. SEPTEMBER

Jeden Tag bin ich imstande, mehr Frieden in mir zu finden. Jeden Tag bin ich imstande mehr Dinge zu finden, für die ich dankbar bin. Eine neue Klarheit erfüllt meine Gedanken: Ich habe gelebt und mein bestes gegeben mit allem, was mir gegeben wurde, indem ich meine Talente und Fähigkeiten gebraucht habe. Vielleicht habe ich noch die Gelegenheit mit meinen Erfahrungen auf größerer Ebene mitzuwirken, zum Wohle von anderen. Ich bin sicher, dass ich das kann. Ich will das tun. Ich spüre, dass ich „meine Flügel ausbreiten kann" und ich will mir die Chance geben es zu tun. Ich liebe, wie sich mein Leben entwickelt.

22. SEPTEMBER

Immer wenn ich mich zwischen meinen Ambitionen, Zweifeln, dem sozialen Druck, Befürchtungen und Belastungen hin und hergerissen fühle – suche ich mir einen Moment der Stille und des Friedens. Alle Ablenkungen verschwinden in dem Moment und ich versuche wieder mit meinen Innersten im Einklang zu sein. Tief in mir habe ich alle Antworten. Was benötigt wird, liegt in diesem Moment der Stille und des Friedens direkt vor mir. Ich bin dankbar für die Klarheit, die ich in mir finde, während ich nach meiner Eigenen Wahrheit suche.

23. SEPTEMBER

Ich fange an die wahre Rolle meines Egos zu verstehen. Mir wird bewusst, wie wichtig es für mein Überleben ist. Aber mir wird auch klar, wie es mich in die Irre führen kann, wenn es um meine intellektuelle, emotionale und spirituelle Entwicklung geht. Die Rolle meines Egos ist mir ganz klar: In Situationen, die meine Konzentration und Kraft verlangen, muss es mir zu Vertrauen und Ausdauer verhelfen. Es muss jedoch beiseitetreten, wenn ich mich mit den tieferen Bedeutungen meiner Existenz beschäftige. Ich danke meinem Ego, dass es mich vertrauen lässt und bitte es, Urlaub zu nehmen, wenn ich seine Hilfe nicht brauche.

24. SEPTEMBER

Ich entdecke immer mehr und gesündere Arten mein Ego zu „beschäftigen". Ich verstehe, dass ich es von meinen Ambitionen trennen muss, damit sie der wahre Ausdruck meiner selbst bleiben, anstatt als Vehikel meines Egos benutzt zu werden. Ich verstehe, dass mich mein Ego aufmuntern muss, wenn ich es wirklich brauche, aber unter Kontrolle gehalten werden muss, wenn ich an meinem Fortschritt und dem Sinn meines Lebens arbeite. Ich lerne ein gesundes Ego zu haben. Ich liebe die Art, wie ich mich Tag für Tag entwickele.

25. SEPTEMBER

Ich bin in der Lage inneren Frieden zu finden und auf das zu hören, was wirklich wichtig für mich ist. Sind meine Ambitionen in Harmonie mit dem Menschen, der ich geworden bin? Oder sind sie veraltet und drücken nicht wirklich das aus, was ich jetzt bin? Mit geschlossenen Augen und friedlich atmend lasse ich meine Eigene Wahrheit in meinem Herzen flüstern. Ich begrüße eine neue Sichtweise meiner selbst. Ich begrüße ein neues Verständnis meines Lebenssinns. Ich bin bereit für neue Gelegenheiten und dankbar für alles, was ich bekommen habe.

26. SEPTEMBER

Mein Geist ist offen. Mein Herz ist in Frieden. Mein Körper ist entspannt und ich sorge dafür, dass er gesund ist. Ich verstehe meine Emotionen und ich respektiere sie. Mein Ego weiß, wann es helfen soll und wann es sich zurückhalten muss. Alles ist gut. Alles ist richtig eingestimmt. Meine Eigene Wahrheit füllt mich aus und ich bin bereit meine Eigene Wahrheit zu leben.

27. SEPTEMBER

Ich gestatte mir meinem eigenen Fortschritt zu trauen. Kein Grund sich zu beeilen, zu drängen oder vorwärts zu hetzen wegen irgendetwas, das nicht im Einklang ist mit der Stufe, wo ich mich mit meinem eigenen Fortschritt gerade befinde. Ich entwickele mich gemäß meinem eigenen Tempo. Ich entwickele mich gemäß dem Tempo, das richtig und gesund für mich ist. Ich bin einzigartig – ebenso wie mein Fortschritt. Ich bin dankbar für alles, was ich erfahren und geschenkt bekommen habe.

28. SEPTEMBER

Ich fühle mich wohl mit dem, was ich erfahre. Ich weiß, dass mein Fortschritt von jeder Art von Umständen profitieren kann. Ich erschaffe nicht mit Absicht negative Situationen, aber ich laufe vor keiner Herausforderung oder Schwierigkeit davon. Ich bin hier um zu lernen und auszudrücken, wer ich bin. Ich weiß, dass ich stark und mutig sein kann, wenn es nötig ist oder aber sensibel und sanft, wenn es erforderlich ist. Ich habe die Weisheit, den Mut und die Kraft allem zu begegnen und die Empfindsamkeit alles zu erkennen und zu akzeptieren. Ich bin hier in diesem Leben, weil ich es mir ausgesucht habe.

29. SEPTEMBER

Meine Eigene Wahrheit strahlt mehr und mehr aus meinem Herzen. Ich begrüße jeden Tag mit lebhafter Fröhlichkeit und ich bin dankbar für jeden Augenblick. Nichts ist zu klein, als dass ich ihm nicht meine ungeteilte Aufmerksamkeit schenke. Nichts ist zu groß für mich, um davon zu träumen, mich damit zu beschäftigen oder es zu ertragen. Ich bin mit jedem Tag freier und glücklicher. Ich bin dankbar für alles, was ich geschenkt bekommen habe. Ich bin dankbar am Leben zu sein.

30. SEPTEMBER

Ich achte eingehend darauf, wie ich auf andere reagiere, auf neue Umstände oder schwierige Situationen. Erkenne ich an, bin ich vernünftig, erfinderisch – oder rege ich mich auf, bin ängstlich oder verliere mein Vertrauen? Wie gehe ich mit meinen Emotionen um? Beobachte ich sie und lasse sie vorbeiziehen oder gebe ich meinen Gefühlen nach und „verliere" meinen logischen Geist? Ich lerne mehr und mehr nicht länger „blinden" Emotionen zu erliegen und sie auf ungesunde Weise zu unterdrücken. Ich lerne bewusst zu reagieren und respektiere die Weisheit meiner Emotionen.

356 (+1) Affirmationen für ein großartiges Leben

OKTOBER

Ich bin dankbar dafür, wo ich bin und wohin ich gehe.

Ich bin freundlich zu mir und lasse mich nach meinem eigenen Tempo vorankommen.

1. OKTOBER

Mein Geist ist voller neuer Ideen. Mein Herz ist voller neuer Hoffnung. Ja, ich kann es schaffen: Ich kann herausfinden, wie ich mein zukünftiges Leben gestalte. Ich lasse meine Eigene Wahrheit mein Mentor und mein Führer sein. Schließlich geht es hier um mein eigenes Leben. Ich schätze das Geschenk meines Lebens und ich will es so erfüllend und bedeutend gestalten, wie ich kann.

2. OKTOBER

In der Stille dieses Augenblicks bin ich imstande die Bedeutung meines nächsten Schrittes, meines nächsten Atemzuges und meines nächsten Gedanken zu erkennen. Ich lerne jeden Moment so bedeutungsvoll zu machen wie diesen. Jede Minute, jede Stunde, jeder Tag, jedes Jahr und die ganze Lebenszeit besteht aus nichts als bedeutungsvollen Momenten. Ich bin dankbar für jeden Moment meines Lebens.

3. OKTOBER

Ich begrüße jeden Tag mit offenen Armen. Ich habe alles in meiner Macht stehende getan, um an diesen Moment in meinem Leben anzukommen: Ich habe meinem Leben mein Bestes gegeben. Ich habe getan, was ich konnte. Ich habe gelernt, soviel ich konnte. Ich kann nun „ernten, was ich gepflanzt habe" und dankbar sein für alles, was ich bekommen habe: Meine Erfahrungen, den Fortschritt, den ich gemacht habe, die neuen Wünsche, die sich in meinem Geist beginnen zu zeigen. Danke, Leben, für alles, das ich geworden bin.

4. OKTOBER

Welche einzigartige Geschichte erzählt mein Leben?

Wie möchte ich in Erinnerung bleiben? Welches Vermächtnis hinterlasse ich? Für wen? Meinen Lieben, meiner Familie, Freunden, anderen? Wozu? Was ist mir am wichtigsten? Ist es das gleiche, was ich gerne anderen hinterlasse? Ich möchte mein Leben so leben, wie ich in Erinnerung bleiben will. Ich kann meinem Leben jede Bedeutung geben, die ich will. Mein Leben ist der Ausdruck meiner Eigenen Wahrheit. Ich schätze und respektiere mein Leben für das, was es von mir erzählen wird.

5. OKTOBER

Ich entdecke das wahre Geheimnis des Lebens: Wenn ich für das Wohl anderer sorge (egal wie, für wen, und für wie viele); nur dann fange ich wahrhaft an mich um mich selbst und um meine eigene Wahrheit zu kümmern. Ich liebe das neue Verständnis. Ich bin hier um Teil all des Lebens zu sein, das mich umgibt. Ich bin einzigartig, aber ich bin nicht alleine. Mein Leben ist mit dem anderer verbunden. Mein Leben ist bedeutungsvoll. Mein Leben hat eine Bestimmung. Ich bin sehr dankbar für mein wunderbares Leben.

6. OKTOBER

Welche wiederkehrenden Muster in meinem Leben bewirken, dass ich mich außer Kontrolle fühle? Wo und warum neige ich dazu meine Macht wegzugeben? Ich denke über meine Lebensmuster nach und entscheide mich für eine Veränderung, die meinem Fortschritt zugutekommt. Nur ich kann entscheiden, was das Beste für mich ist. Ich unterwerfe mich nicht länger Ideen, die mein Glück und meine Wahrheit untergraben. Ich weiß, wer ich bin und was mich glücklich und treu mir gegenüber macht.

7. OKTOBER

Ich vergebe mir, dass ich mein eigener Unterdrücker bin und mein eigenes Opfer. Ich vergebe mir dafür, dass ich mich nicht so unterstütze, wie ich es verdiene. Ich vergebe mir dafür die alten Wunden zu pflegen, alte negative Erinnerungen und Befürchtungen aufrechtzuerhalten und in alten Schmerzen herumzustochern. Ich vergebe mir dafür, dass mich mein verwundetes Ego blind gemacht hat. Ich erlaube mir zu heilen. Ich erlaube mir meinem wahren Ich treu zu werden. Ich traue meinem eigenen Fortschritt und respektiere ihn.

8. OKTOBER

Ich bin bereit mein Leben zu einem völligen Ausdruck meiner eigenen Wahrheit zu machen. Liebes Leben, du wirst mich jetzt als die Person unterstützen, die ich wirklich bin ohne irgendwelche Entschuldigungen, Verspätungen oder Ablenkungen. Lass uns jetzt anfangen. Lass es uns real machen. Ich bin bereit für alles, was notwendig ist, um meine Eigene Wahrheit zu leben. Mein Leben geschieht JETZT.

9. OKTOBER

In einem stillen Augenblick beruhige ich meine Gedanken, entspanne meinen Körper und distanziere mich von meinen Emotionen. Ich höre aufmerksam meinem eigenen inneren „Lied" zu: Ist es mein wundervolles Ego, das zu mir spricht oder ist es meine Eigene Wahrheit? Ich weiß, dass jeder Gedanke, jedes Gefühl, die irgendwie mit meinen alten Wunden, Misserfolgen, meiner Schuld oder meiner Scham zu tun haben, ob ich nun in altem Schmerz verweile oder versuche mich vor zukünftigem Schmerz zu schützen – es ist die Stimme meines verwundeten Egos. Ich respektiere, was ich denke und fühle, ich weiß jedoch, dass meine Eigene Wahrheit nichts mit all dem zu tun hat. Ich bin bereit, meiner Eigenen Wahrheit zuzuhören. Ich bin zuversichtlich, dass ich herausfinden werde, was es ist.

10. OKTOBER

Ich bin bereit zu bestimmen, was ich wirklich brauche und was nicht. Ich bin bereit zu erkennen, was mein verwundetes Ego „mit Nahrung versorgt" und was meine Eigene Wahrheit unterstützt. Ich weiß, dass meine Gedanken und Emotionen wahrhaft trügerisch sein können. Ich weiß, dass ich mutig genug bin dem zu begegnen, was wirklich aufrichtig von mir ist und was die Maske ist, die ich aufsetze, um mich sicherer und stärker zu fühlen. Tief drinnen kenne ich den Unterschied. Tief drinnen kenne ich mich. Alles, was ich geworden bin und alles, was ich noch werde, gewesen bin und immer sein werde, ist meine eigene Wahl.

11. OKTOBER

Ich verspreche mir, mich nicht zu kritisieren, klein zu machen oder mich herunterzuziehen. Wie jedes andere menschliche Wesen bin auch ich voller Schönheit. Wie jedes andere menschliche Wesen kann auch ich neidisch, gemein, geizig, doppelzüngig oder voller Vorurteile sein. Wenn ich alle meine Unvollkommenheiten akzeptiere und sie mir verzeihe – dann ändern sie sich auf natürliche Weise, ohne unterdrückt zu werden, ohne dass mein Leben, mein Glück und mein Erfolg durch mein Unterbewusstsein kontrolliert und sabotiert wird. Und außerdem, wenn ich meine Mängel anerkenne – nur dann bin ich auch in der Lage, meine andere Seite zu akzeptieren – meine eigene Großartigkeit. Ich bin bereit alles, was ich bin zu akzeptieren, zu vergeben und zu lieben.

12. OKTOBER

Ich verspreche mir geduldig und freundlich mit mir zu sein. Ich verspreche mir, mir so viel Zeit und Unterstützung zu gewähren, wie ich brauche um zu lernen mich völlig zu akzeptieren. Es gibt kein Richtig oder Falsch, wenn es sich um die Art und Weise handelt, wie ich vorankomme. Es gibt kein Richtig oder Falsch, wenn es sich um den Zeitrahmen meines Fortschritts handelt. Ich bin einzigartig und das gilt auch für meinen Fortschritt.

13. OKTOBER

Ich verspreche mir, mich als die Person anzunehmen, die ich bin, ohne meine eigene Liebe verdienen zu müssen. Ich muss keine Liebe verdienen. Ich muss keine Anerkennung verdienen. Ich bin liebenswert und voll akzeptabel, einfach, weil ich existiere. Ich bin liebenswert und voll akzeptabel, einfach weil ich geboren worden bin. Ich verspreche mir, mich ohne jeder Bedingung voll zu akzeptieren und zu lieben.

14. OKTOBER

Ich habe das Recht zu sein und tief und frei so zu atmen, wie ich bin, einfach weil ich existiere. Ich habe ein Recht auf Glück und Wohlbefinden, so wie ich bin, einfach weil ich existiere. Ich bin liebenswert, anerkennenswert und wünschenswert genauso, wie ich bin, einfach weil ich existiere. Ich bin ein wunderschönes, menschliches Wesen, das meiner eigenen Anerkennung und Liebe wert ist.

15. OKTOBER

Ich trage Verantwortung für mein eigenes Wohlbefinden. Alles, was ich erlebt habe, ist auf einer tieferen Ebene meine eigene Wahl. Ich spreche mich jedoch nicht für irgendetwas schuldig. Mir ist der große Unterschied zwischen zweierlei klar: Mich schuldig zu sprechen für alles und die Verantwortung für das zu übernehmen, was mir geschieht. Genau wie jeder andere habe ich Momente großer Klarheit und Momente, in denen ich große Fehler mache. Ich akzeptiere alles, was ich mir erwählt habe und übernehme die Verantwortung dafür, ohne mich für irgendetwas schuldig zu sprechen.

16. OKTOBER

Ich verspreche mir, mir nicht die Schuld zu geben, mich zu bestrafen oder mich zurück zu stoßen für irgendeinen meiner Gedanken, irgendwelche Taten oder Erfahrungen. Ich verspreche mir, freundlich zu mir zu sein, mir volle Unterstützung zu gewähren in meinem Wachstum und geduldig mit mir zu sein. Ich verspreche mir, frei zu sein von Selbstbezichtigungen, Selbstbestrafung und Schuld. Ich erkenne alles an mir an. Ich erkenne vollständig an, dass alles gut ist.

17. OKTOBER

Ich behandele mich gut. Ich behandele mich mit Freundlichkeit und Verständnis. Ich wähle bewusst frei zu sein von jeder selbst zugefügten Schuldzuweisung. Ich gebe mir keine Schuld und ich bestrafe mich nicht. Das ist mein erster Schritt auf dem Weg zur Schmerzfreiheit. Ich behandele mich mit Freundlichkeit und Liebe.

18. OKTOBER

Ich verspreche mir freundlich zu meinem Körper zu sein. Mein Körper arbeitet schwer für mich, indem er mich in jeder Weise unterstützt. Ich bemerke, wie jeder Stress meinen Körper abnutzt, ihn angespannt macht und ermüdet. Ich verspreche mir, jeden Tag ein paar Minuten zu finden, in denen ich meinen lieben Körper entspanne. Ich danke meinem Körper, liebe und akzeptiere ihn ohne Bedingungen, Erwartungen, Scham und Schuldzuweisungen.

19. OKTOBER

Indem ich langsam atme, schließe ich die Augen und wiederhole für mich: „Ich bin entspannt, ich bin in meiner Mitte, ich fühle mich gut. Ich liebe diesen Moment und ich liebe mich." Ich hole mehrmals tief Atem und öffne die Augen. Ich bin dankbar dafür, wer ich bin. Ich bin dankbar dafür, wo ich bin und wohin ich unterwegs bin.

20. OKTOBER

Ich bin freundlich zu meinem Körper und mein Körper ist freundlich zu mir. Ich kann entspannt sein und trotzdem alles handhaben, was ich tun muss. Mir wird deutlich, dass ich keinen heftigen Stress Anspannung nötig habe, um effektiv und produktiv in meiner Arbeit zu sein. Ich bemerke, dass ich konzentrierter bin, wenn ich nicht gestresst bin. Ich bin meinem Körper dankbar dafür, dass er meinen Geist unterstützt.

21. OKTOBER

Jeden Tag kann ich einen stillen Moment finden, in dem ich meinen Körper und Geist entspanne. In diesem stillen Moment stelle ich mir eine Frage: „Was muss ich jetzt wissen? Was ist heute wichtig für mich?" Ich warte geduldig auf eine innere Antwort. Kein Grund zur Eile. Das Zutage treten meiner Eigenen Wahrheit ist ein natürlicher Vorgang. Ich bin freundlich zu mir und lasse mich in meinem eigenen Tempo vorwärtskommen.

22. OKTOBER

Meine Eigene Wahrheit ist mir wichtiger als meine Ängste, Ego Druck oder alte Konditionierungen. Meine Eigene Wahrheit ist das „Lied", das in mir klingt, mit mir wächst und mir das Lebensziel vorgibt. Was ist es, das ich bereit bin zu tun, um meine Wahrheit zu entdecken? Bin ich bereit, mich genügend zu bemühen? Bin ich bereit, zu meditieren, mich mit Affirmationen zu beschäftigen, mir und anderen zu vergeben, die alten Verletzungen, Scham, Schuld und Schuldzuweisung loszuwerden? Bin ich willens zu akzeptieren, dass ich verdiene, was ich will? Bin ich bereit, mich so anzuerkennen und zu lieben wie ich bin?

23. OKTOBER

Ich bin offen für jede Unterstützung, die ich auf meinem Weg meine Eigene Wahrheit zu erfüllen, bekommen kann. Ich bin offen für die Akzeptanz der Verantwortung für mein Wachstum. Ich weiß, dass ich finden kann, was ich brauche und ich schäme mich nicht darum zu bitten. Indem ich meinem eigenen Handlungsablauf vertraue, öffne ich mich für die Führung meiner inneren Weisheit. Ich unterstütze mein Fortkommen und ich lerne mich vollkommen zu akzeptieren und zu lieben.

24. OKTOBER

Ich bin glücklich zu wissen, dass ich immer die Wahl habe. Ich gebe mir für nichts, was ich getan oder gedacht habe, die Schuld, aber ich kann meinen Geist verändern und dieses Mal eine andere Wahl treffen. Ich wähle, was immer ich will. Ich kann etwas anderes wählen, wenn meine alte Wahl, nicht mehr denjenigen Menschen unterstützt, der ich inzwischen bin. Ich bin glücklich, eine Wahl treffen zu können, die völlig mit meiner Eigenen Wahrheit übereinstimmt.

25. OKTOBER

Ich erwähle mir zu fühlen, was ich fühlen muss. Ich erwähle mir meine Emotionen durch mich hindurchfließen zu lassen, anstatt sie zu unterdrücken. Ich erwähle mir mich meiner Emotionen nicht zu schämen oder Angst vor ihnen zu haben. Meine Emotionen steigen in mir auf und vergehen ganz natürlich. Ich bin glücklich, ungezwungen mit meinen Emotionen zu sein.

26. OKTOBER

Ich erwähle mir von allem Denken loszulassen, das meine alten Schuld- und Schamgefühle aufrechterhält. Ich erwähle mir von allem Denken loszulassen, das mir sagt, ich sei nicht gut genug, nicht schlau genug, nicht speziell genug und nichts wert. Ich bin genug, genauso wie ich bin. Ich bin alles wert, das ich will. Ich verdiene alles, was ich will. Ich bin liebenswert, akzeptabel und speziell.

27. OKTOBER

So wie ich lerne mich so zu lieben, wie ich bin, liebe ich meinen Körper so, wie er ist. Ich akzeptiere mein Alter, meine Größe und Form und ich bin meinem Körper dankbar, dass er mein teurer Freund ist. Ich weiß, dass es natürlich ist, dass die

Größe und Form meines Körpers sich während meiner Lebenszeit verändert. Ich erwähle mir meinen Körper in keiner Weise zu kritisieren. Stattdessen erwähle ich mir seine Gesundheit und sein Wohlbefinden zu unterstützen. Ich verspreche mir die beste, gesündeste Art und Weise zu finden, meinen teuren Körper zu behandeln. Mein Körper verdient das Beste.

28. OKTOBER

Ich bin freundlich zu meinen teuren Geist. Ich lasse meinen Geist ruhen und entspannen. Mein Geist arbeitet hart für mich und ich erwähle mir, ihn gut zu behandeln. Ich lerne, wie ich meinen Geist zur Ruhe kommen lasse und ich bin offen für neue Wege, wie ich stressige Gedanken loslasse. Ich verspreche mir die besten und gesündesten Wege zu finden, wie ich meinen teuren Geist behandele. Mein Geist verdient meine Liebe und meinen Respekt.

29. OKTOBER

Ich bin mir meines Egos bewusst und bin ihm gegenüber aufmerksam. Ich lasse mein Ego mich unterstützen und aufheitern, wenn immer es angebracht ist. Ich weiß, dass ich seine Unterstützung brauche, wenn ich stolpere und den Glauben an mich verliere. Ich weiß, dass ich mein Ego zur Seite stellen muss, wenn ich mich mit meiner Eigenen Wahrheit verbinde. Ich erwähle mir, ein gesundes Ego zu haben. Ich respektiere seine Rolle für mein Überleben, doch ich folge nicht blind seinen Bedürfnissen und seinem Druck.

30. OKTOBER

Ich erkenne alles an, was ich in meinem Leben erschaffen habe und bedanke mich bei mir. Ich erwähle mir alle meine Erfahrungen als Spiegel meines Wachstums anzusehen. Habe ich mich aufrichtig geliebt und gut behandelt oder habe ich mich für die Schuld und den Schmerz bestraft, die ich in mir spüre? Wer, habe ich angenommen, bin ich? Wen habe ich mich sein lassen? Durch welche Veränderungen bin ich gegangen? Wie sehe ich mich heute? Ich respektiere und liebe mich für alles, was ich gewesen bin und alles, was ich geworden bin.

31. OKTOBER

Ich wähle mir mich mit Liebe zu betrachten. Ich wähle mir mich mit Geduld und Respekt zu behandeln. Ich erwähle mir alte Schuld, Angst und Schmerz loszulassen. Ich bin bereit, mich und meine Eigene Wahrheit aufrichtig zu unterstützen. Mein Glück ist nur eine Wahlmöglichkeit entfernt. Ich treffe diese Wahl. Ich weiß, dass ich es kann. Ich gestehe mir heute und jeden Tag Glück zu.

356 (+1) Affirmationen für ein großartiges Leben

NOVEMBER

Alles ist gut. Alles ist so, wie es sein soll.

Ich traue meinem Leben und mein Leben sorgt für mich.

1. NOVEMBER

Ich bin willens mein Leben zu verändern, auch wenn ich noch nicht weiß, wie. Ich bin willens zu lernen, mich zu lieben. Ich bin willens herauszufinden, wozu ich wirklich in der Lage bin und es auszuprobieren. Ich habe keine Angst mehr davor zu fallen, weil ich jetzt weiß, dass Erfolg und Misserfolg zwei Seiten der gleichen Münze sind, die „Erfahrung" heißt. Ich bin willens mir die Erlaubnis zu geben herauszufinden, wie weit ich „meine Flügel ausbreiten" kann.

2. NOVEMBER

Ich entschließe mich genau hinzuschauen, wie ich meine Energie verwende. Versuche ich andere zu verändern, um sie oder mich glücklich zu machen oder versuche ich meine eigenen Angelegenheiten zu lösen, um zu verändern, was in meinem Leben nicht klappt? Ich habe bereits gelernt, dass es nicht klappt andere zu verändern. Es zu versuchen ist Verschwendung von Energie und Zeit. Jeder ist für sein eigenes Glück und Schicksal verantwortlich. Wir können nicht behaupten, dass wir besser wissen, was andere glücklich macht. Wir können aber uns selbst glücklich machen. Ich bin willens zu lernen, wie ich positive Veränderungen in meinem Leben machen kann. Ich weiß, ich kann lernen, wie ich mein Leben zu einem wirklich erfüllten Traum machen kann.

3. NOVEMBER

Ich erwähle mir jede Art von Überzeugung zu verändern, die nicht länger das ausdrückt, was ich bin. Ich wähle mir jede meiner negativen Überzeugungen zu verändern, die mich daran hindern, das zu sein, was ich sein kann. Ich bin bereit, alles wegzuwischen, was mir im Wege ist und mit einer sauberen Fläche neu anzufangen. Ich weiß, dass alles, was ich von mir geglaubt habe, nur ein Gedanke ist. Gedanken können verändert werden. Ich wähle mir das Beste von mir zu denken. In den kommenden Tagen werde ich neue Überzeugungen von mir kreieren.

4. NOVEMBER

Ich bin immer in Sicherheit. Wohin ich auch gehe, ich finde auf die eine oder andere Weise Unterstützung. Die Welt und die Menschen, die mich umgeben, sind hilfsbereit und freundlich. Ob ich in meiner eigenen Nachbarschaft bin oder weit weg von zu Hause – ich kann mich sicher fühlen. Die Welt ist ein sicherer und freundlicher Ort für mich.

5. NOVEMBER

Was immer ich brauche, ich bekomme es. Was immer ich sehen, hören, lernen oder erfahren soll, kommt in meine Richtung. Was immer ich brauche um glücklich zu sein, erfolgreich, gesund und sicher, ist immer in meiner Reichweite. Alles, was ich brauche, kommt zu mir auf die eine oder andere Weise. Ich werde mit allem versorgt, was ich brauche.

6. NOVEMBER

Alles, was ich benötige, kommt ohne Anstrengung zur besten Zeit und auf die beste Weise in meine Richtung. Ich sehe mein Leben sich ohne Anstrengung entfalten, ohne dass Kampf und Stress nötig sind. Mein Leben versorgt mich auf eine leichte und bequeme Weise mit allem, was ich benötige. Ich gestatte mir mit großer Freude und Leichtigkeit zu empfangen, was ich will.

7. NOVEMBER

Ich lasse meine Sorgen und Obsessionen darüber los, was ich will. Ich nehme als gegeben hin, dass, wenn ich einmal entschieden habe, was ich will, es mit Leichtigkeit zu mir kommt. Ich bin geduldig und entspannt. Was ich will, ist auf dem Weg. Ich gestatte mir zur besten Zeit und auf die beste Art und Weise zu empfangen, was ich will.

8. NOVEMBER

Mein Leben ist angefüllt mit Freude und Liebe. Ich freue mich an jedem Tag meines Lebens. Mein Leben unterstützt mich in jeder nur möglichen Weise. Ich bin glücklich mit meinem Leben. Mein Leben ist leicht. Mein Leben ist spannend. Ich liebe wirklich mein wundervolles Leben.

9. NOVEMBER

Überall, wohin ich gehe, finde ich Freude. Jeden Tag wache ich auf und bin bereit mehr Freude zu finden. Alles, was mich umgibt, kann eine großartige Quelle der Freude sein. Ich beschließe überall um mich herum Freude zu sehen. Ich bin erfüllt von Freude und verbreite Freude. Meine Freude bringt anderen Freude.

10. NOVEMBER

Meine Freude öffnet sich für die Liebe. Ich weiß, wie man liebevoll ist und ich werde geliebt. Es ist immer eine Menge Liebe in mir. Die Liebe fließt leicht durch mich hindurch. Ich weiß Liebe zu geben und wie ich Liebe empfange. Meine Liebe zur Welt und zu mir kreiert Freundlichkeit und Glück in meinem Leben. Mein Leben ist gefüllt mit Liebe.

11. NOVEMBER

Ich habe ausreichend von allem, was ich in meinem Leben brauche. Ich lebe auf vielerlei Weise im Wohlstand. Ich bin von Überfluss umgeben und ich finde großen Überfluss in mir. Mein Einkommen erhöht sich laufend. Ich bekomme immer, was ich benötige. Ich fühle mich wohl mit Geld und Geld kommt zu mir.

12. NOVEMBER

Ich freue mich an meinem Fortschritt und bin immer bereit zu wachsen und mich zu verändern. Ich bin stets offen für neue Einsichten, Ideen und Wege zu Verbesserungen. Ich begrüße freudig neue Wege mein Wissen zu erweitern. Ich bewirke eifrig Veränderungen in mir und erlaube mir immer mich weiterzuentwickeln. Ich liebe die Art und Weise, wie ich vorankomme. Mein Fortschritt macht mich glücklich.

13. NOVEMBER

Ich bin bereit mehr die Person zu werden, die ich bin. Ich bin willens mich anzuschauen und Dinge zu verändern und auszuprobieren, die ich noch nicht versucht habe. Ich bin neugierig, wie weit ich mit der neuen Sichtweise von mir gehen kann. Ich bin neugierig auf das neue und andersartige Ich. Ich bin glücklich mir dabei zuzusehen, wie ich mich in das neue, noch nicht erforschte Ich verwandele.

14. NOVEMBER

Ich erlaube mir, mir den gewagtesten Traum vorzustellen, während ich mich daran erinnere, dass alles möglich ist, denn das Abenteuer findet ja in meinen Gedanken statt. Welche Tätigkeit würde mich glücklich machen, wenn es keine wie auch immer gearteten Konsequenzen gäbe? Was wäre das Außergewöhnlichste, Spannendste, das ich würde erleben wollen, wenn ich könnte? Wie weit würde meine Vorstellung gehen? Ich schließe die Augen, entspanne meinen Körper und lasse mich mein größtes Abenteuer erleben. Meine Gedanken lassen mich so weit gehen, wie ich mir nur vorstellen kann. Ich bin meinem Geist dankbar dafür, dass er mir zeigt, wie groß meine Sichtweise von mir selber ist.

15. NOVEMBER

Ich weiß, dass Wachstum und Veränderung die natürlichsten Aspekte des Lebens sind. Ich habe keine Angst vor Veränderungen. Ich vertraue darauf, dass alles gut ist. Ich lasse mich meine Möglichkeiten erkunden und unterstütze alles, was ich tun und sein will. Ich begrüße alle Veränderungen und sehe sie als Gelegenheiten für mein Wachstum.

16. NOVEMBER

Alles ist gut. Alles ist so, wie es sein soll. Egal, wohin ich ab jetzt gehe, egal, was mir auf dem Weg geschieht – immer wird alles gut sein. Wenn ich meinem Leben vertraue, werde ich immer dorthin geführt werden, wohin ich gehen soll. Wenn ich meinem Leben vertraue, werde ich immer das finden, was ich brauche. Mein Leben sorgt für mich.

17. NOVEMBER

Ich bin willens „meine Flügel auszubreiten". Ich bin willens, mich im Leben zum Ausdruck zu bringen und mache für mich und andere deutlich, wofür ich mich einsetze. Ich weiß, dass ich es tun kann. Ich weiß, dass ich in der Lage bin, Großartiges zu tun. Ich habe diese Art von Potential. Was brauche ich um mich von meinen Begrenzungen zu befreien? Wie kann ich mich verbessern und stark machen um meine besten Seiten zu zeigen? In den kommenden Tagen werde ich schauen, was ich noch über mich lernen kann: Meine Begrenzungen, meine Stärken und die Art und Weise zu heilen und mehr Weisheit und Macht zu gewinnen, die mir am meisten von Nutzen sind. Ich verspreche mir mich so zu lieben, wie ich es verdiene.

18. NOVEMBER

Welche negativen Überzeugungen über mich habe ich in mein Unterbewusstsein verschoben? Ich schaue auf mein Leben als meinen ehrlichen Spiegel und denke über meine Situation nach: Was immer mir fehlt, womit ich ringe, worunter ich leide ist die Reflexion dessen, was in meinem Unterbewusstsein gelagert ist. Habe ich finanzielle Schwierigkeiten? Mit Beziehungen? Leistungen? Gesundheit? Mit dem Lernen? Wie sabotiere ich mein eigenes Glück und den Erfolg im Leben? Ich verspreche mir zu heilen, was in mir geheilt werden muss. Ich verdiene das Beste und begnüge mich nicht mehr mit Mangel oder Anstrengung.

19. NOVEMBER

Ich bin willens, all die Aspekte, die mich betreffen und die ich unterdrückt oder von mir geschoben habe, anzuerkennen. Ich bin willens, in mich hineinzuschauen und liebevoll alles an mir zu akzeptieren. Ich erkenne, dass ich die Aspekte, bei denen ich mich nicht gut genug, liebenswert genug, nicht erfolgreich und effektiv genug fühlte, zurückgewiesen habe. Ich habe mich vielleicht für das kritisiert, was ich an mir nicht mag oder wofür ich mich schäme. Ich begreife, dass ich nicht ganz werden kann, bevor ich nicht alles an mir akzeptiere. Nur als

Ganzes kann ich wirklich ich selbst sein und in meine Eigene Macht hineinwachsen. Ich bin willens, als Ganzes mächtig zu werden.

20. NOVEMBER

So, wie ich andere behandele, so behandele ich mich auch. Was ich anderen vorwerfe, wie ich sie lächerlich mache, kritisiere oder sogar angreife, all das, was starke, negative Emotionen anderen gegenüber in mir weckt – ist das, was ich an mir auf einer unbewussten (oder gar bewussten) Ebene nicht mag, ja, sogar hasse. Meine Heilung ist für mich wichtiger, als die Ablehnung dessen, was ich an mir nicht mag. Meine Heilung ist mir wichtiger als meine eigene „dunkel Seite" zurückzuweisen und sie mein Leben durch mein Unterbewusstsein sabotieren zu lassen. Wir alle tragen das wunderbarste Licht in uns, aber auch die nicht geheilte Dunkelheit. Ich bin menschlich wie jeder andere auch. Ich respektiere und akzeptiere mich als das menschliche Wesen, das ich bin. Ich bin entschlossen zu heilen und das zu transformieren, was ich in mir zurückgewiesen habe.

21. NOVEMBER

Ich bin entschlossen, ein glückliches „seelengesteuertes" Leben zu führen anstelle einer dauerhaft egogesteuerten, stressigen Existenz. Ich bin entschlossen, meine Mängel anzuerkennen und sie in mehr Licht in mir zu transformieren. Ich bin entschlossen, meine Augen und Ohren aufzumachen und wirklich auf meine Eigene Wahrheit zu achten. Ich bin entschlossen, meine natürliche Freude wiederherzustellen und Glück und Leichtigkeit in meinem Leben zu kreieren.

22. NOVEMBER

Wenn ich mein Ego heile, werde ich mir völlig meiner Stärken und Schwächen bewusst. Ich akzeptiere meine Schwächen als Teile dessen, was ich bin und ich suche sie zu transformieren, anstatt sie zurückzuweisen und sie in meinem Unterbewusstsein niederzuhalten. Wenn ich mein Ego heile, schäme ich mich nicht meiner Schwächen. Ich erkenne Fehlschläge als Teil der Lebenserfahrung an, statt den Mangel an Selbstvertrauen durch Arroganz und Ärger anderen oder mir selbst gegenüber zu kaschieren. Wenn ich mein Ego heile, lerne ich um Hilfe zu bitten, zuzugeben, was ich nicht verstehe und erlaube mir die Verbindung mit anderen zu spüren, statt zu versuchen besser, weiser oder stärker zu sein als sie. Ich liebe es, wie ich mich entwickele.

23. NOVEMBER

Ich verstehe, dass jedes Mal, wenn ich mich für meine Schuld und Fehler kritisiere, vernachlässige und zurückweise – ich mich selbst beschimpfe und mir das Glück versage, das ich verdiene. Ich bin bereit, mich zu unterstützen und zu befähigen ganz und glücklich zu werden. Ich bin bereit, mein Leben zu verwirklichen und mir die Chance zu geben vollständig „meine Flügel auszubreiten". Ich bin entschlossen, meine Eigene

Wahrheit zu leben und ein Leben zu haben, das ich will und verdiene.

24. NOVEMBER

Ich akzeptiere alles, was ich bin genauso, wie ich bin. Auf meinem Weg zu einem glücklichen und erfüllten Leben lerne ich im Gleichgewicht zu sein, um mich zu heilen und zu transformieren. Ich weise meine natürlichen, menschlichen Neigungen nach Begehrlichkeit, Schutzbedürftigkeit, Arroganz, Intoleranz, Selbstsucht und Falschheit nicht zurück. Ich weiß, dass ich sie heilen kann, indem ich sie ausgleiche/ ins Gleichgewicht bringe mit Großzügigkeit, Offenheit, Bescheidenheit, Demut und Integrität. Ich bin willens, mich von selbst auferlegten Begrenzungen zu befreien. Ich bin bereit mich zu heilen und meine Eigene Wahrheit zu leben.

25. NOVEMBER

Ich erlaube mir nicht länger alte vergiftete Scham aufrechtzuerhalten, die mich meiner emotionalen Freiheit, meines Friedens und meines Glücks beraubt. Ich brauche nicht länger zu glauben, ich sei nicht genug so wie ich bin. Ich bin willens mich zu lieben und zu unterstützen. Ich bin willens, mir für das zu vergeben, was ich in mir zurückgewiesen habe. Ich bin liebenswert und wundervoll genauso, wie ich bin.

26. NOVEMBER

Ich vergebe mir für meine Fehler und für die Dinge, von denen ich mir wünsche, ich hätte sie nicht getan. Ich vergebe mir dafür nicht immer mein eigener Champion zu sein. Ich vergebe mir dafür mich geringer zu fühlen, als ich bin, schlechter, als ich bin, hässlicher, als ich bin. Ich vergebe mir nicht das Beste zu geben, was ich könnte. Ich vergebe mir dafür „nur" ein Mensch zu sein und nicht das Superwesen, von dem ich dachte, ich müsse es sein.

27. NOVEMBER

All die Weisheit, die ich brauche, ist in mir. All die Stärke, die ich brauche, kann ich in mir finden. All die Liebe, die ich brauche, ist in meinem Herzen verfügbar. Ich bedanke mich bei mir dafür, dass ich die Person bin, die ich bin. Ich erkenne meine Weisheit an, meine Stärke und die Liebe, die ich für das

Leben spüre, mich selbst und alles, was mir wichtig ist und für jeden den ich mag.

28. NOVEMBER

Ich danke meinen Schwächen, die mich meine Stärken erkennen lassen. Ich danke meiner Selbstsucht, die mich auch erkennen lässt, wie wichtig mir andere sind. Ich danke meiner Doppelzüngigkeit, die mich meine Rechtschaffenheit ehren lässt. Ich danke meiner Arroganz, weil sie mich Bescheidenheit lehrt. Ich danke meiner Intoleranz, die mir die Chance gibt Mitgefühl zu entdecken und zu spüren. Ich danke meiner Begehrlichkeit, weil sie mich Großzügigkeit erkennen lässt. Ich danke meiner Schutzbedürftigkeit dafür, dass sie mich meine Offenheit finden lässt.

29. NOVEMBER

Meine Eigene Wahrheit spricht laut und klar zu mir. Meine Eigene Wahrheit fühlt sich an wie Glück, das sich in meinen Adern ausbreitet. Ich „bade" in der Stimme meiner Eigenen Wahrheit und lasse meinen Körper, meine Emotionen, meinen Geist und selbst mein Ego sich in der Liebe auflösen, die tief in mir aufsteigt. In diesem kostbaren Augenblick bin ich aufrichtig mit mir und empfinde tiefe Liebe zu dem Menschen, der ich bin.

30. NOVEMBER

Ich nehme mein Leben begeistert an. Ich nehme begeistert all das an, was ich erfahren habe. Ich akzeptiere, liebe und unterstütze den Menschen, der ich bin und erlaube anderen zu sein, wer sie sind. Alles ist gut. Ich bin genau da, wo ich sein muss. Die anderen sind genau da, wo sie sein müssen. Ich bin Teil einer wunderbaren Welt, in der ich mich geliebt fühle und sicher bin.

DEZEMBER

Meine Eigene Wahrheit strömt aus dem Inneren hervor.

Die Welt, in der ich lebe, lässt mich meine Eigene Wahrheit ausdrücken.

Ich bin dankbar für diesen Moment und mein Bewusstsein für seine Kostbarkeit.

1. DEZEMBER

Ich bin willens, meine Muster völlig loszulassen, die meine Begrenzungen hervorrufen und mich daran hindern mich im Leben darzustellen und zu verwirklichen. Was immer mich aufhält, entmutigt und klein macht, unterstützt mich nicht, begrenzt mich durch mein konditioniertes Unterbewusstsein – es muss sich verabschieden. Ich beschließe mich zu befreien und mich prosperieren zu lassen. In den kommenden Tagen werde ich meine alten, begrenzenden Muster loslassen.

2. DEZEMBER

Ich lasse die Muster in mir los, die mich daran hindern um das zu bitten, was ich brauche oder einfach haben will. Ich lasse die Muster in mir los, die mich glauben lassen, ich hätte kein Recht in irgendeiner Situation für mich zu sprechen. Ich lasse die Muster in mir los, die ein Schamgefühl in mir wachrufen, wenn ich um Hilfe bitten muss, sie brauche oder wenn ich zugeben muss, dass ich das, was von mir verlangt wird, nicht erfüllen kann. Ich habe das Recht um Hilfe zu bitte. Ich habe das Recht zu sagen, was ich will und was ich nicht will. Ich habe das Recht „ja" und „nein" zu sagen.

3. DEZEMBER

Ich lasse das Muster in mir los, das mich daran hindert mich genügend um meine physische oder emotionale Gesundheit zu kümmern. Ich lasse das Muster in mir los, das mir einflüstert, die Bedürfnisse meines Körpers und meiner Emotionen klein zu machen oder gar ganz fallen zu lassen. Mein eigenes Wohlbefinden ist sehr wichtig. Wenn ich mich nicht um meine physische und emotionale Gesundheit kümmere, damit ich bei meinen Aufgaben, der Arbeit und den Verpflichtungen im Gleichgewicht bin, werde ich sehr bald nicht mehr länger richtig funktionieren. Es ist vollständig in Ordnung, mich um mich selbst zu kümmern. Es ist sicher und angemessen, mich um meine Gesundheit und mein emotionales Wohlbefinden zu kümmern. Ich bin entschlossen, mich richtig um mich zu kümmern.

4. DEZEMBER

Ich lasse das Muster in mir los, das mich denken lässt, mit meiner Sexualität sei etwas nicht in Ordnung. Ich bin ein menschliches Wesen, für das es ganz in Ordnung ist das Bedürfnis nach naher, physischer Verbindung zu einem anderen menschlichen Wesen zu haben. Ich beschließe meine „Menschlichkeit" zu akzeptieren und lasse mich Freude haben an meinem dynamischen, wundervollen Körper. Ich beschließe mir die Erlaubnis zu geben mich voller Freude anzuerkennen als das menschliche Wesen, das ich bin. Ich beschließe, mich mit einem anderen menschlichen Wesen in einer sicheren, gesunden und respektvollen Weise zu verbinden. Ich schäme mich nicht meiner gesunden Sexualität. Ich respektiere mich und ich respektiere meinen Partner.

5. DEZEMBER

Ich lasse das Muster in mir los, das mich veranlasst, mich zurückzuweisen. Ich lasse das Muster in mir los, das mich entweder nach Arbeit, Sex, Drogen, Alkohol, zu viel Feiern/ Unterhaltung süchtig macht oder jeder anderen Form von Flucht vor dem, was ich brauche, um mich kennenzulernen, zu heilen, mich zu umsorgen oder in mir aufzuräumen. Ich wende meine Aufmerksamkeit dem jetzt zu und beschließe mich für wert zu halten. Ich bin bereit, mir eine Chance zu geben mich zu lieben.

6. DEZEMBER

Ich lasse das Muster in mir los, das mich davon abhält, Freude in meinem Leben zu erfahren. Ich lasse das Muster in mir los, das das gute Gefühl bei Erfahrungen mindert, die mir Freude machen. Ich lasse mich Freude empfinden ohne die Umstände zu analysieren, um eventuell etwas Falsches, Fehler und Störungen oder Nachteile in der jeweiligen Situation zu finden. Ich bin willens, mich auf die Sonnenseite zu konzentrieren. Ich bin willens, der Freude eine Chance zu geben. Es ist angemessen und sicher für mich, Freude zu erfahren. Ich heiße Freude in meinem Leben willkommen.

7. DEZEMBER

Ich lasse das Muster in mir los, das mich ärgerlich, frustriert, missmutig oder ablehnend gegenüber Dingen empfinden lässt, die in meinem Leben geschehen. Ich lasse das Muster in mir los, das mir das Gefühl vermittelt, ich müsse mich mein ganzes Leben lang quälen. Ich lasse das Muster in mir los, das mich glauben lässt, das Leben müsse hart sein und nur die, die schwer arbeiten, könnten ein besseres Leben haben. Ich bin willens, meine tiefe Überzeugung über das Leben zu ändern. Ich bin willens, alles in meinem Leben zu schätzen und ich gebe mir die Chance, mich zu entspannen und den Prozess meines Lebens zu lieben.

8. DEZEMBER

Ich lasse das Muster in mir los, das mich an der Vergangenheit festhalten lässt. Ich lasse das Muster in mir los, das mich denken lässt, es sei nicht sicher loszulassen. Ich lasse das Muster in mir los, das mich ärgerlich über meine Vergangenheit macht. Ich erkenne, dass mein Ärger bewirkt, dass ich die Vergangenheit endlos und verletzt mit mir herumschleppe und mich das Jetzt nicht genießen lässt. Ich gebe mir die Erlaubnis, meinen Ärger ohne Gefühle von Scham oder Schuld zu verarbeiten und loszulassen. Ich gebe mir die Erlaubnis, meinen Ärger zu fühlen, damit er vorbeizieht und von mir weicht. Nachdem ich respektvoll meine Emotionen bearbeitet habe, kann ich bewusst die Vergangenheit loslassen. Ich bin willens, die Vergangenheit loszulassen. Ich fühle mich entspannt im Jetzt. Ich bin in Frieden.

9. DEZEMBER

Ich lasse das Muster in mir los, das bewirkt, dass ich mich schäme und schuldig fühle, weil ich bin oder für das, was ich gedacht oder getan habe. Ich lasse das Muster in mir los, das mich wegen meiner Schuld an der Vergangenheit festhalten lässt. Ich bin willens, mir meine Schuld anzuschauen und ihr zu erklären, dass die Vergangenheit nun vorbei ist. Ich bin willens, mir meine Scham anzuschauen und ihr zu sagen, dass ich mir für die Vergangenheit vergebe. Ich beschließe mich mit Freundlichkeit zu lieben und mir zuzustimmen. Ich beschließe, mich im Jetzt zu lieben.

10. DEZEMBER

Ich lasse das Muster in mir los, das bewirkt, dass ich mich meiner Emotionen schäme. Ich lasse das Muster in mir los, das mich daran hindert zu fühlen oder auszudrücken, was ich fühle. Ich lasse das Muster in mir los, das mich spüren lässt, dass Emotionen ein Zeichen von Schwäche sind. Ich bin willens, mir meine Emotionen als eine Reflexion meiner emotionalen Intelligenz anzuschauen. Es steht mir frei zu fühlen, was ich fühlen muss. Es ist sicher für mich zu fühlen, was ich fühle. Es ist sicher, mich dem Leben zu öffnen und das Leben geschehen zu lassen.

11. DEZEMBER

Ich lasse das Muster in mir los, das mich abhängig macht vom Geld, oder davon eine doppeldeutige Hass-Liebe mit ihm zu unterhalten. Ich lasse das Muster in mir los, das mir das Gefühl vermittelt arm zu sein trotz all der Fülle, die ich schon in meinem Leben erfahren habe: Trotz des Reichtums der Natur, des Fortschritts meiner persönlichen Reise, all der Dinge, die ich gelernt und erworben habe, der Weisheit, die ich gewonnen habe, der Geschichten, die ich durchlebt habe, der Dinge die ich entdeckt oder kreiert habe. Ich bin willens, in allen Aspekten meines Lebens Erfolg zu haben: Emotional, spirituell, physisch und finanziell. Ich bin willens, mir das Recht zuzusprechen, in meinem Leben Erfolg zu haben.

12. DEZEMBER

Ich atme mit Leichtigkeit, denke mit Leichtigkeit und fühle mit Leichtigkeit. Ich erfahre die Leichtigkeit meines Daseins mit jedem Atemzug, Gedanken und jeder Emotion. Ich begrüße mein Leben mit Leichtigkeit. Dies ist mein Leben. Ich bin willens, mit Leichtigkeit zu leben. Mein Leben kann leicht sein. Es ist leicht und wundervoll Ich zu sein.

13. DEZEMBER

Ich trenne mich mit Leichtigkeit von meinen alten, selbstzerstörerischen Mustern. Ich trenne mich leicht von dem, was mich niederdrückt. Ich trenne mich von der Illusion, wer ich bin und finde mit Leichtigkeit meinen Weg. Ich schreite mit Leichtigkeit voran und komme mit Leichtigkeit bei meiner Eigenen Wahrheit an.

14. DEZEMBER

Ich schreite voran und entwickele mich mit Leichtigkeit. Mein Leben schreitet voran und entwickelt sich mit Leichtigkeit. Ich bin eingestimmt auf den Fortschritt meines Lebens. Ich entwickele mich auf eine harmonische, natürliche Art und Weise. Ich gestatte einen konstanten, harmonischen Fortschritt in meinem Leben.

15. DEZEMBER

Ich begrüße Veränderungen in meinem Leben mit Leichtigkeit. Ich lasse Dinge mit Leichtigkeit los und lasse geduldig Dinge sich verändern. Ich halte an nichts fest, nicht mal an meinen eigenen Schlussfolgerungen und Meinungen. Fortwährende Veränderung ist der natürliche Zustand meines Lebens. Ich bin freundlich und offen gegenüber allen Veränderungen. Es ist sicher für mich, mich fortwährend zu entwickeln und zu verändern.

16. DEZEMBER

Ich nehme mich als Teil all dessen wahr, das mich umgibt. Ich bin von einer freundlichen Welt umgeben. Ich nehme alles, was mich umgibt, als freundlich, wohlwollend und sicher wahr. Es ist sicher für mich, in einer freundlichen Welt zu leben, wo alles miteinander verbunden ist, alles gleich wichtig, wertvoll und zu Einem vereint ist.

17. DEZEMBER 17th

Ich erlaube mir heute in allen, denen ich begegne, Liebe und Freundlichkeit zu sehen. Ich erlaube mir heute im Innersten der Menschen, denen ich begegne, Liebe und Freundlichkeit zu erkennen. Tief drinnen sind wir alle gleich. Tief drinnen sehnen wir uns alle nach Freundlichkeit und Liebe. Ich erlaube mir, ebenso wie anderen, Freundlichkeit und Liebe zu geben.

18. DEZEMBER

Mein Wohlstand wächst zusammen mit dem Überfluss an Liebe für die Welt, die ich innerlich spüre. Der Reichtum meines Herzens wird gespiegelt durch die Fülle der Geschenke, die ich jeden Tag vom Leben erhalte. Alles um mit herum ist sehr kostbar. Alles, was ich innerlich spüre, ist kostbar, wichtig, wertvoll und speziell. Ich trage eine wahre Schatzkiste in mir: das grenzenlose, nicht aufzuhaltende, großartige Selbst.

19. DEZEMBER

Wenn ich mich öffne, um mein Wahres Selbst zu spüren, fühle ich eine starke Verbindung mit der Welt. Ich spüre, wie meine Eigene Wahrheit mit den Hymnen der Erde zusammenklingt, wie ich verwirklicht und glücklich bin, einfach weil ich bin, atme und mir erlaube, glücklich zu sein. Wenn ich es genieße meine Eigene Wahrheit zu spüren, fühle ich, dass ich dort angekommen bin, wo ich vollständig bin. Nun, mit dem Gefühl der Vollständigkeit, kann ich wieder anfangen zu gehen, weiter, immer näher an den Ort, wo ich wirklich sein will.

20. DEZEMBER

Ich fühle eine riesige Welle des Friedens aus meinem Inneren aufsteigen, die alle meine Fragen und Zweifel fortspült. Ich habe kein Bedürfnis festzuhalten an der Illusion, wer, wann, wie und wo ich sein will. Der Ort, an dem ich in diesem Moment bin, ist perfekt. Wie und wer ich in diesem Moment bin, ist genau richtig. Alles ist gut, auf eine perfekte Art und Weise.

21. DEZEMBER

Welche Wendung mein Leben auch immer nimmt, ich möchte am Ende am richtigen Ort sein. Welchen Weg ich auch einschlage, er wird mich dahin führen, wo ich sein soll. Mein

Leben spielt sich in meinem Kopf ab. Ich entscheide, was ich als Höhen und Tiefen definiere. Ich entscheide, welche Erfahrungen ich machen will, was ich brauche und was nicht. Mein Leben ist so leicht oder so schwer, wie ich es in meinen Gedanken kreiere. Ich entscheide mich, mich gut mit mir und meinem Leben zu fühlen.

22. DEZEMBER

Ich habe keine Angst, dass die Zeit vergeht. Nichts dauert wirklich zu lange oder zu kurz. Alles ist gerade so, wie es ist, alles ist genau richtig. Die Zeit gewährt mir genügend Minuten, Tage und Jahre, um all das zu erfahren, was wichtig für mich ist. Zeit ist ein Geisteszustand. Ich entscheide mich, mich mit der vergehenden Zeit gut zu fühlen.

23. DEZEMBER

Ich bin dankbar für alles, was mir passiert ist. Ich bin dankbar für meine Gedanken, Emotionen, meine Erfahrungen und meine Suche nach meiner Eigenen Wahrheit. Mein Leben hat mich reichlich belohnt und ich hege kein Bedauern. Alles, was ich denke, fühle und erfahre, ist in Harmonie mit meinem Herzen.

24. DEZEMBER

Ich nehme mir einen Augenblick ganz für mich, schließe die Augen und beruhige meinen Geist. Nun denke ich an all die wundervollen Worte, die eine besondere Bedeutung für mich haben: Liebe, Gnade, Freude, Freundlichkeit, Fülle, Harmonie, Sicherheit, Gesundheit, Zusammensein, Eins sein, Licht, Wärme und Frieden. Ich lasse sie eins mit mir werden. Ich lasse sie der Rhythmus meines Herzens und meiner Seele werden.

25. DEZEMBER

Meine Eigene Wahrheit strömt aus dem Inneren. Meine Eigene Wahrheit hat den Geschmack von Hoffnung, Vertrauen und Klarheit. Ich fühle mich wohl mit dem, was in mir und um mich ist. Alles ist gut, sicher und klar. Ich muss nicht alles wissen und verstehen, um in Frieden zu sein mit dem, was ist. Ich bin mir im Klaren über meine Wahrheit: Sie spricht nicht durch meinen Geist – sie spricht durch mein Herz. Ich bin glücklich eingestimmt auf meine Wahrheit.

26. DEZEMBER

Ich bin fest verbunden mit Meiner Wahrheit. Ich gehe in die Welt und trage das Licht meiner Wahrheit in meinem Herzen. Ich schreite ohne Angst vorwärts, ohne innere Konflikte und ohne Zweifel. Meine Wahrheit leitet mich und transformiert mich. Was ich mit meinem Herzen anpacke, wird transformiert. Die Welt, in der ich lebe, lässt mich meine Eigene Wahrheit ausdrücken. Die Welt um mich herum reflektiert den Menschen, der ich bin.

27. DEZEMBER

Jeden Tag kann ich auf all den verschiedenen Ebenen die Informationen finden, die ich brauche, um meine Absichten mit dem, was ich in meinem Herzen als meine Eigene Wahrheit erkenne, in Einklang zu bringen. Ich atme mit Leichtigkeit und distanziere mich von Gedanken, die mit allen möglichen Ängsten angefüllt sind. Mein Geist ist klar, mein Körper ist entspannt und mein Herz füllt sich mit innerem Licht. Ohne etwas zu benötigen, kann ich alles bekommen. Ich bin dankbar für diesen Augenblick und das Wissen um seine Kostbarkeit.

28. DEZEMBER

Es gibt kein „da draußen" in der Welt, das ich fürchten, bekämpfen oder vor dem ich entkommen muss, dem ich Vorwürfe machen, dessen ich mich schämen, oder auf das ich mich einstellen muss. Alles, was ich brauche, ist genau hier, eingewickelt in meinen nächsten Atemzug. Alles, was ich brauche, ist das Bewusstsein meines nächsten Atemzugs. Indem ich rhythmisch atme, erfahre ich die Welt als Teil von mir. So bin ich wahrhaft lebendig: In Raum und Zeit diesem Moment meine Aufmerksamkeit schenken.

29. DEZEMBER

Mein Leben ist eine Botschaft, die ich an mich selbst schicke. Meine Absicht ist, mir sehr viel Liebe zu schicken. Indem ich mein Leben mit sehr viel Liebe fülle, schicke ich mir selbst all die Liebe, die ich benötige. Ich schaue mit Liebe auf die Welt. Ich schaue mit Liebe auf andere und auf die Natur. Ich sende Liebe aus und empfange Liebe. Mein Leben und das, was ich beabsichtige, sind eins.

30. DEZEMBER

Ich lasse die Illusion von Unglücklich sein, Unbehagen und Mangel zurück. Ich heiße die Gegenwart von Liebe und Freude willkommen, die sich in allem Lebendigen ausdrückt. Was ich für mich beabsichtige, beabsichtige ich auch für alles, was mich umgibt. Was ich mir selbst geben will, das soll für jeden verfügbar sein. Ich lasse die Illusion meiner selbst zurück und begrüße die Wahrheit darüber, wer ich wirklich bin.

31. DEZEMBER

Ich erfahre mich durch unendlich viele Möglichkeiten. Ich kann jede von ihnen jederzeit wählen. Ich kann wählen, wie mein nächster Schritt ist. Ich kann wählen, wie ich mich erfahren will: Durch die Art und Weise, wie ich mein Leben lebe. Ich werde mit der Weisheit meines Herzens wählen. In Harmonie mit meiner Eigenen Wahrheit. Ich bin glücklich hier zu sein. Ich bin bereit für den nächsten Schritt.

Meine neue Reise beginnt. Das hier sind der perfekte Ort und die richtige Zeit.

Ich werde zu einem neuen, besseren Ich, heiße es willkommen und freue mich daran.

Über die Autorin

Johanna Kern ist eine kanadische Autorin, Filmregisseurin, Produzentin und Drehbuchautorin, die viele Preise gewonnen hat, besitzt umfassende Erfahrungen in der Beratung von Menschen über Gesundheit und emotionale Probleme, Spiritualität, Familienangelegenheiten, Beziehungen, Karriereverläufe, den Tod und das Leben. Ihr wurde ein Ehrentitel für Angewandte Kunst/Film der Universität Ryerson in Toronto, Kanada verliehen. Zuvor studierte sie Theater-wissenschaften und Kunst in Europa.

Als Antwort auf viele Anfragen schrieb sie das mit Preisen ausgezeichnete Buch „Der Meister und die Grünäugige Hoffnung", eine Niederschrift ihres ungewöhnlichen professionellen und spirituellen Lebensabenteuers, einschließlich einer Zusammenfassung von Meisterlehren für einen modernen Geist. Das Buch wurde von Brian van der Horst (Journalist, Autor, Coach Therapeut, der seit 1994 im „Who's Who in the World" und seit 2007 im „Who's Who in America" erwähnt wird) bearbeitet und es wurde von international anerkannten Psychologen Dr. Stanley Krippner und Dr. Jerry Solfvin kommentiert.

Nach dem Erfolg ihres biographischen Buches, und nachdem sie das enthusiastische Echo der Leser auf ihre Schriften und Lehren gesehen hatte, konzipierte sie eine Schritt-für-Schritt-Anleitung täglicher Affirmationen mit dem Ziel, jede Lebenssituation zu verbessern.

Als Filmemacherin ist Johanna Kern für ihren einzigartigen Regiestil anerkannt und für ihre Sichtweise, die ein breites Publikum fesselt und außergewöhnliche Profis in ihre Produktion lockt. Ihr Fantasy/Mystery/Abenteuerspielfilm „Shadowland: The Legend" (2012) beschäftigt sich mit dem Thema, wie man sein eigenes Schicksal gestaltet und wie man mit persönlichen und globalen Schatten umgeht.

Über die Jahre hat Johanna Kern eine Anzahl von Kurzfilmen gemacht. Dazu gehören der als kritisch gepriesene Kurzfilm „Cherries for Brian" (Palm Springs International Film Festival – U.S.; Raindance International Film Festival – U.K.; Figueira da Foz International Film Festival – Portugal) und andere. Einige ihrer Kurzfilme, einschließlich einer Dokumentation über Heimatlosigkeit, kann man auf YouTube sehen – einfach unter „Johanna Kern" im Suchfeld.

Johanna hat ebenfalls die Drehbücher für sieben Spielfilme geschrieben und arbeitete als Produzentin/Regisseurin in einer Anzahl von Werbefilmen fürs Fernsehen und bei Musikvideos mit. Zusätzlich hat sie zwei Musicals für die Bühne produziert, die Texte geschrieben und die Regie geführt (mit einer großen Besetzung von über 250 Schauspielern) und gründete eine Schauspielschule, Kid Stage für junge Schauspieler.

Sie war die Gründerin und geschäftsführende Direktorin des Fantasy Worldwide Film Festival (2005-2007), mit dem sie sechsmillionen Menschen auf der ganzen Welt erreichte – dank der Berichterstattung vieler populärer Fernseh-und Radiosender und Berichten in Zeitungen. Auf dem Festival wurden erstmalig Filme wie „The Secret", „Future by Design" (mit dem visionären Wissenschaftler Jacque Fresco), „Whale Dreamers" (eine Produktion von Julian Lennon) und andere bedeutende Arbeiten vorgeführt, die zur

Entwicklung der Menschheit beigetragen haben – in den Genres Welt Mythologie, Mystik, magischer Realismus, Fantasy, Science Fiction, Legende und Archetyp.

2013 gründeten Johanna Kern und ihr Mann, Patrick Kern, eine Non-Profit-Organisation, Humans of Planet Earth ASSN. (H.O.P.E. Assn.), um Menschen bei ihrem Wachstum zu unterstützen und um ihnen zu helfen, d a s Leben zu leben was ihnen bestimmt war: wirklich glücklich, gesund, sinnvoll und erfüllt.

https://johannakern.com

Veröffentlichungen von Johanna Kern – Deutschsprachige Ausgaben

– „Meister und die Grünäugige Hoffnung"

– „Die 7 Mächte, die die Welt erschaffen & Die 7 Mächte In Dir: Meisterlehren der Hoffnung – Band I"

– „365 (+1) Affirmationen, für ein Großartiges Leben: Erfolg, Glück, Gesundheit und Wohlstand"

– „Geheimnisse der Liebe: Was Du wissen musst um eine phantastische Beziehung zu haben"

Buchpreise der englischen Ausgaben:

– „Die Geburt einer Seele" – Zweiter Platz auf der Buchmesse in San Franzisko 2021, in der Abteilung *Spiritualität und Inspiration*

– „Die Geburt einer Seele" – Ausgezeichnet auf der Buchmesse in New York 2021, in der Abteilung *Spiritualität und Inspiration*

– „356 (+1) Affirmationen für ein Großartiges Leben: Ewiger Kalender für Erfolg, Glück, Gesundheit und Wohlstand" – Ausgezeichnet auf der Buchmesse in Los Angeles 2018, in der Abteilung *Allgemeine Sachliteratur*

– „Geheimnisse der Liebe: Was Du wissen musst um eine phantastische Beziehung zu haben" – Ausgezeichnet auf der Buchmesse in Los Angeles 2018, in der Abteilung *Ratgeber/Lebenshilfe*

– „Meister und die grünäugige Hoffnung" – Ausgezeichnet auf der Buchmesse in San Franzisko, 2013, in der Abteilung *Spiritualität und Inspiration*

– „Meister und die grünäugige Hoffnung" – Ausgezeichnet auf der Buchmesse in New York 2013, in der Abteilung *Spiritualität und Inspiration*

– „Schattenland: Die Legende" – Zweiter Platz auf der Buchmesse in

Johanna Kern

San Franzisko 2013, in der Abteilung *Junge Erwachsene*

MP3s zur Umprogrammierung des Unterbewusstseins – Englischsprachige Ausgaben:

- „Das Leben, das du dir wünschst, gehört dir: Programmiere dich zum Erfolg, Glück, zur Gesundheit und zum Wohlstand"
- „Heile deinen Körper und deine DNA: erhole dich von deiner Krankheit und repariere deine DNA"
- „Schenk dir Fülle: Du kannst sie haben, lebe sie – weil sie dir gehört"
- „Reduziere schnell und natürlich dein Gewicht: Wirf die schwere Last deines Fettes und deiner unbewussten, negativen Programmierung ab"
- „Dein wunderschöner, gesunder und jugendlicher Körper: Programmiere dich, damit du dich an deinem natürlich schönen und gesunden Körper erfreust und ihn liebst"

Notiz: Johanna Kern nimmt weiter MP3s auf und schreibt weitere Bücher. Um auf dem Laufenden zu bleiben, ist es am besten, sie auf ihrer offiziellen Internetseite zu besuchen:

https://johannakern.com

356 (+1) Affirmationen für ein großartiges Leben

Verbinde dich mit Johanna Kern

Abonniere Johanna Kerns Newsletter auf ihrer offiziellen Internetseite:

https://johannakern.com

Like Johannas Seite auf Facebook

https://www.facebook.com/JohannaKernAuthor/

Verbinde dich mit Johanna Kern auf LinkedIn:

https://www.linkedin.com/pub/johanna-kern/5/127/869

Melde dich auf Johanna Kerns YouTube Kanal an:

https://www.youtube.com/channel/UC8mAjgjRb76nI2AqdaDwSVw

Um herauszufinden, ob Johanna Kern für Events verfügbar ist, schreib eine

E-Mail an:

info@JohannaKern.com

www.ingramcontent.com/pod-product-compliance
Lightning Source LLC
Chambersburg PA
CBHW070943230426
43666CB00011B/2547